元ＣＡ訓練部長が書いた
日本で一番
やさしく、ふかく、おもしろい
ホスピタリティの本

中村真典　著

晃洋書房

はしがき

この本のタイトル「元CA訓練部長が書いた　日本で一番やさしく、ふかく、おもしろいホスピタリティの本」は、私の大好きな作家・井上ひさしの言葉を借りています。名言として取り上げられる際、いくつかのバージョンがあるようですが、日経新聞（二〇一〇年四月一四日）朝刊の追悼記事では、「むずかしいことをやさしく、やさしいことをふかく、ふかいことをおもしろく、おもしろいことをまじめに、まじめなことをゆかいに、ゆかいなことはあくまでもゆかいに」という彼の座右の銘が紹介されています。彼の創作の基本姿勢のようです。

私は日本航空を早期退職し、大学で教え始めた時、授業をいかにして「おもしろく」するかに腐心しました。他人に自分の話を聞いてもらう。他人の時間をもらうのですから、その話は、おもしろいか、ためになるか。せめてどちらかである必要があると思います。できれば両方。おもしろくて、ためになるに越したことはありません。しかし世の中、いかにどちらでもないか。つまり、おもしろくもなく、ためにもならない話が多いことか。

授業の難しい内容を学生たちの知的好奇心を刺激するおもしろい話にするのは容易ではありません。その時、井上ひさしの言葉に出合いました。難しいことを一足飛びにおもしろくするのは困難だ。しかし、難しいことをやさしくするのは、ハードルは高いが工夫できそうな気がする。やさしいことを深くするのはできそうだ。深いことをおもしろくするのは、簡単ではないがやれそうだ。これで難しいことをおもしろくできる。

作家ではない私の授業や講演、そしてこの本を執筆する際の心得としては、少なくとも「おもしろい」までを実現しようとしています。

私の勤務する大学で「ホスピタリティ論」を教えるにあたり、過去のホスピタリティ関連の本・論文を大学の図書館で検索したところ、タイトルに「ホスピタリティ」の文字を含む本が四五冊もありました。一大学での図書館蔵書数、しかも、直接タイトルに「ホスピタリティ」の言葉が入っている本だけで四五冊もあるのですから、「ホスピタリティ」の内容を取り扱う本は日本全体でみると一体どれほどの数になるのでしょう。それはもう想像のつかない数になります。

ホスピタリティという言葉が今のようにサービスのキーワードとして使われるようになったのはいつからでしょうか？　少なくとも、私が一九七九年にＣＡとして乗務を始めたころ、その言葉は訓練のテキストにも授業にも出てきませんでした。では、ホスピタリティという言葉を使用していなかった当時のサービスは低いレベルだったのでしょうか？　とんでもない。ジャンボの愛称で親しまれたボーイング７４７機が導入され、航空業界初の二階建て、通路二本の飛行機のサービス方法を模索していた世界の航空会社の中で、最も早く手際のよいサービス方法を確立していました。「機内サービスは世界一」との定評ができ、訓練部には他社の機内サービス担当者が見学に来るほどでした。

　私が客室乗員訓練部長だったころ（二〇〇六年）、客室CS推進部の情報誌のサブタイトルは、「一歩前の心のサービス」でした。まさにホスピタリティの精神を言い換えた表現です。この小冊子の中でも「ホスピタリティ」という言葉はほとんど使われていません。

　ですから、大事なのはホスピタリティという言葉そのものではありません。お客さまのことを最優先に、心を配ってサービスする姿勢が大事なのであって、それを「ホスピタリティ」と呼ぼうが、「おもてなし」と呼ぼうが、枝葉末節の問題ではないでしょうか。

　学生やサービス業界の新人がホスピタリティを学ぶ時、必要なことは何でしょう？　決してホスピタリティの語源や定義ではないはずです。ホスピタリティ・マインドと呼ばれる感じ方・考え方をどうしたら身に着けられるのか？　その習得のために必要なことは何でしょう？

　ホスピタリティに限らず、これまでサービスに関していろいろなことを自分なりに勉強してきましたが、結局頭に残っているのは、理論ではなく、具体的なエピソードです。正確に言えば、エピソードに基づいて気付いた自分なりの発見です。

　以前に電子出版した「CAになりたいあなたへ　教えてください！訓練部長」（ホルス出版、二〇一五年）はありがたいことにご好評いただき、たくさんの人が読んでくださいました。ただ、残念ながらせっかくのエピソードが訓練科目の順番に並べられていたため、私が言いたいホスピタリティ・マインドを十分に伝えきれていないようです。そこでこの本では、あらためて、ホスピタリティがサービス業界において重要視されるようになった経緯に沿ってホスピタリティ・マインドをお伝えすることにしました。

本書の中で詳しく説明しますが、一九八〇年代に、これまでの「サービス向上運動」ではリピーターの獲得ができないとのＣＳ理論が普及しました。お客さまに再利用してもらうためには、サービスに満足してもらうだけでは不十分で、「感動のサービス」とも呼ぶべき、「大変満足」な状態を作らなければならない。そのサービスを提供するにはホスピタリティが不可欠であるという考え方です。この本では、「サービス」→「ＣＳ（顧客満足）」→「ホスピタリティ」の流れに沿って、エピソードを紹介していきます。それによって、エピソードの一つひとつが読者のホスピタリティ・マインドを刺激してくれることを願っています。

またColumnとして、私の教官時代のエピソードで、外国人訓練生に関するものを紹介しました。ホスピタリティにおいて相手の立場に立つ時、その相手が外国人の場合は当然その文化への理解が必要です。人種・民族を超えた共通の優しさ・親切さはあるものの、誤解を生みやすいマナー・エチケットの違いがあるのも事実です。ホスピタリティの背景となる異文化交流の一助になれば幸いです。

この本の試みが成功して、読んでくださった皆様に、それぞれのホスピタリティ・マインドがより明確になれば、これほど嬉しいことはありません。

目次

第1章　サービス　仕事からの学び

第2章　CS（顧客満足）　先輩からの教え　49

第3章 ホスピタリティ 皆さんへの言葉 87

第4章　笑顔
ホスピタリティの原点

第1章

サービス

仕事からの学び

1 サービスとは？

一九七九年の春、私は入社二年目でCA（キャビンアテンダント）としての訓練を受け始めました。訓練中盤の「サービス講話」の授業の時です。訓練部次長から講義冒頭、質問されました。

「中村君、あなたにとってサービスとは何ですか？」

どう答えたかは覚えていません。ただ今でもその質問のシーンを覚えているくらいですから、さぞ面食らったのでしょう。

「サービスとは何か？」

今でもどう答えたらよいのか迷います。人生を語るに等しい幅の広さです。

二〇一〇年に会社を退職し、ある大学の非常勤講師を始めた時に最初に担当した科目が「サービス・マネジメント」でした。航空会社というサービス産業で三二年間働いたとはいえ、大学院で学んだわけでもなく、教壇に立った経験があるわけでもない私にとって、高いハードルでした。

授業が始まるまでの三カ月間は、シラバスの作成、授業プランの構築、パワーポイントのスライド作成で退職後の夏休みはあっという間に過ぎました。

　初めて大学教員として授業を行うことは大変ではありましたが、毎回反省しながらもよりよい授業を目指して、トライ&エラーを繰り返していきました。半年間で一五回の講義を終え、最後にお別れの挨拶をしてから、帰り支度をしていると、いつも教室の一番前で授業を受けてくれていた四年生の女子学生三人組が教卓まで来て言ってくれました。

「中村先生。この授業は今期私たちの一番のお気に入り科目でした。毎回工夫をこらした授業をありがとうございました。先生の一所懸命さが伝わっていました。でも他の先生方を見ていると、その一所懸命さって、続かないみたいです。ぜひ中村先生は今のままの中村先生でいてください」

　何とうれしいコメントでしょう。「今期一番のお気に入り科目」というのはリップサービスかと思っていましたが、大学の正式な授業アンケートで三人ともが、「この四年間でベストの授業だった」と書いてくれていました。優秀な専任教員の方々を差し置いて、私の授業がベストだったと評価してもらえる点があるとすれば、彼女も指摘していた通り、「一所懸命さ」でしょう。「続かないみたい」というのも教員の痛いところを突いています。あれから七年。私の今の授業を見たら、彼女はどう言うでしょうか?

　航空会社で私が行っていたサービスを大学の授業に当てはめてみるとどうなるか。今もなお大切な課題です。サービスに関する学問である「サービス・マネジメント」や「サービス・マーケティング」では、「マーケティング」におけるモノの代わりに、サービスに置きかえて研究します。そこで大事なのは、まずモノとの違いであって、サービス品質の議論はあるものの、よりよいサービスを目指して研究を進めるわけではありません。しかしながら、実際のサービスの現場で必要なのは理論ではないのです。

この第1章は、私がCAとして一人前になるまでに四苦八苦した記録です。「仕事からの学び」というサブタイトルを付けました。ホスピタリティに至る道の第一歩として、まずは最低限の品質保証ができるCAにならなくてはいけません。私がCAとして乗務し始めたころは、ボーイング747のファーストクラスのギャレー（調理場）担当は男性限定でした。ファーストクラス三二名のお客さまをサービスする調理場の作業負荷が女性には重すぎると判断されていたからです（他の機材の担当については男性限定とはしていませんでした）。そのため、自分の所属しているグループが747の路線を飛ぶ時以外も、男性CAのいないグループの747の便に振り分けられ、ほぼ毎回ファーストクラスのギャレーを担当しました。

言うまでもなく、現在のJALサービスとは方法も内容も全く別物と考えていただいた方がよいでしょう。あくまで私の個人的な体験としてお読み下さい。

そこでの悪戦苦闘のエピソードから皆さんなりの「サービスとは何か？」を考えてみてください。ホスピタリティ以前に、お客さまに最低限基本のサービスができないことには話になりません。

2　ワインサービス①――シャブリ

まずはワインにまつわるエピソードです。

一九八〇年代初頭の日本は社会全体がまだワインの世界に開国してなかったとでも言うのでしょうか。言葉としてもワインより「ぶどう酒」という言葉の方が一般的でした。近所の酒店の商品棚にワインは並んでいませんでしたし、レストランでもワインを飲むというのは、高級フレンチレストランのみのイメージでした。

前節で述べた通り、当時男性CAは747のファーストクラスのギャレー（調理場）担当になることがほとんどでした。ギャレー担当といっても、もちろんサービス中、ずっとギャレーにこもっているわけにはいきません。当然キャビン（客室）に出てチーフパーサーの手伝いをすることがあります。

あるフライトで、オードブルサービス中、チーフパーサーがエコノミークラスに出向く用事ができて、急遽代わりにサービスに当たることになりました。

当時のファーストクラス・オードブルサービスは、ワゴンの上段に和食と洋食を一枚ずつのトレーに乗せ、中段にお皿とワインを置いて、お客さまの面前まで運び、お好きなものを選んでいただく形式でした。

目の前で料理の説明をし、てきぱきと取り分け、テーブルに置いた後はどのワインを召し上がるか尋ねます。

「〇〇様、オードブルとご一緒に、ワインはいかがですか？　ボルドーの赤白、ブルゴーニュの赤白、モーゼルがございます」

これは訓練部のテキスト通りのセリフです。

あるお客さまが、

「えーっと、機内にシャブリ（Chablis）はあったっけ？」

と私にお尋ねになりました。

辛口白ワインとして有名な、あのシャブリです。白ワインで一番知名度の高いワインかもしれません。

当時の私でもシャブリという名前を聞いたことはありましたが、情けないことにフランスワインであることくらいしか知りませんでした。ただ、機内にないことはわかります。機内搭載ワインの名前くらいは全部覚えていましたから。

余裕をもち、笑顔を絶やさないように心掛けながら、答えました。

「○○様、申し訳ありません。あいにく機内にはシャブリはございませんが、ボルドーの赤白、ブルゴーニュの赤白、モーゼル。どれがよろしいですか？」

と手で指し示しながら、同じセリフを繰り返しました。

お客さまがその時、どうお答えになったかは覚えていません。全く問題なくサービスは進み、自分の中では全体を通してよくチーフパーサーの代行ができたつもりでした。

その後、ＣＡを続けていく中で、自分にはワインやフランス料理の知識が致命的に欠けていることに気付き、勉強を始めました。そしてワインの常識を学んでいる際、今言ったシーンが突然思い出されたのです。あれでよかったのか、と。

シャブリはフランス・ブルゴーニュ地方の辛口白ワインです。機内にはブルゴーニュの白は、プイィ・フュイッセ（Pouilly-Fuissé）を搭載していました。ですから、もしシャブリをちゃんと知っているのなら、返すべき答えは、

「あいにく機内にシャブリはございませんが、同じブルゴーニュの辛口、プイィ・フュイッセがございます。いかがですか？」

になるはずなのです。

それを元に戻って、「ボルドーの赤白……」から始めるのは、シャブリを知らないのが丸分かり。まさに頭隠して尻隠さず、なのです。自分の知識のなさ・勉強不足を何とかカバーできたつもりになって、自分が恥をかいていることすら気付かない。恐ろしい事例です。

Q.

同じような経験、つまり自分はその時わからなかったが、後になって自分のミスや知識不足に気付いたことはありますか?

3　ワインサービス②――シャンベルタン

これもまだ私がワインサービスに対して、意識が低かったころの話です。006便、ニューヨーク便のファーストクラスでした。

オードブルサービスの時、お客さまから「シャンベルタン（Chambertin）って載ってたっけ？」とご質問がありました。機内には当時、ブルゴーニュの赤ワインで、ジブリー・シャンベルタン（Gevrey-Chambertin）が搭載されていました。私はお客さまが、ジブリー・シャンベルタンのことをはしょって、つまり、コカ・コーラをコークと言ったり、パイナップルジュースをパインジュースと言うがごとく、ジブリー・シャンベルタンをシャンベルタンとおっしゃったのだと勝手に思いました。私はジブリー・シャンベルタンのラベルをお客さまにお見せし、グラスに注ぎました。

何か問題があったでしょうか？　私は何の疑問も持たず、そのサービスを行い、ずっと自分のしたことも忘れていました。

その後、ソムリエの勉強をしている時、改めてシャンベルタンなるワインを知りました。シャンベルタンというのは、ブルゴーニュのGrand Cru（特級畑）のワインで、ナポレオンが遠征の時、必ず持っていったという逸話があるくらい有名なワインです。

一方、機内に載っていたジブリー・シャンベルタンというのは、良質な赤ワインではありますが、ランクという意味ではただの村名ワインでしかありません。

「シャンベルタンある？」と言われて、ジブリー・シャンベルタンを出すというのは、シャンペンで言うと、「ドンペリある？」と言われて、「もちろんございます」といいながら、ただのモエ・シャンドン（Moët & Chandon）を出すようなもの。ワインとは全然違う話で喩えれば、「東京大学出身」と言っていたのに、よく聞いたら「東京の大学」出身だったようなものです。

その時のお客さまは当時の大蔵省にお勤めの著名な官僚の方でした。

そのお客さまが、シャンベルタンをご存知だったのか、それとも、私の勝手な想像通り、ジブリー・シャンベルタンのことをシャンベルタンとおっしゃったのかは分からず仕舞でした。

ところが後年、元首相の特別便にご搭乗になられたのです。

ファーストクラスでゆっくりお話する機会がありました。ワイン全般について広い知識をお持ちで、メドック（Médoc）の格付けはもちろん、その特別便に載っていたサンテミリオン（Saint-Émilion）の格付けについてまでご存知でした。シャンベルタンとジブリー・シャンベルタンの違いを知らなかったはずがありません。

自分の無知を恥じ入るばかりでした。

Q.

フランスワインの格付けについて、聞いたことがありますか？　あるとしたら、それはどんなことですか？

4 ワインサービス③——ワインバケット

ソムリエになって、というよりソムリエ試験の勉強をして一番よかったのは、ワインに関する確かな知識・情報を得たことで、周りの意見に右往左往しなくてよくなったことです。

乗務し始めのころはファーストクラスのギャレー（調理場）担当ばかりで、毎回、違うチーフパーサーと仕事をしなければなりませんでした。直属の上司が毎回変わるのですから、緊張しました。

一九八〇年代初め、訓練部ではきちんとしたワインサービスを教えていたものの、実際の機内では、職人気質の先輩たちが自己流のサービスで大きな顔をしていられる時代でした。

ワインサービスの準備をするにあたり、訓練部で教わった通り、ワインバケット（ワインやシャンペンを冷やすためのバケツ）に氷水を入れ、白ワインを冷やしていると、

「何やってんだ。水でラベルが剥がれるだろう。第一、水が垂れて、サービスし辛いじゃないか」

と叱られました。リネンに包んだドライアイスで冷やすように命じられます。

次のフライトでは、前回の注意を活かして、白ワインをドライアイスで冷やします。すると、そのフライトのチーフパーサーから、

「何やってんの。ワインをドライアイスで冷やすバカがいるか。ちゃんと氷水で冷やせよ」

と怒られました。一体どっちなんだと思ってしまいます。

その次のフライトでは、これまでの経験から、まずチーフパーサーに冷やし方を尋ねると、今度は、

「もう何回フライトしてんの。ワインの冷やし方くらい知ってるだろう」

と注意されました。

いったいどうすりゃいいんだと困惑するばかりです。

ソムリエの勉強をして、正しい白ワインの冷やし方を学び、かつ、実際にレストランでどのようにサービスしているかを知ると、話は簡単でした。どのチーフパーサーと飛ぼうが、きちんと氷水で冷やせばよいのです。ラベルはそう易々とは剥がれないし、仮にはがれたとしても、それはそれで構いません。毎回水を拭って、リネンを添えてサービスするのが、いかにもちゃんと冷やしているようで、感じがよい方法です。

「何やってんだ」と言われれば、今日のチーフパーサーはワインに関してそういう方なんだ、と思いながら、笑顔で言われた通りにすればよいのです。

ワインが好きなチーフパーサーなら、ちゃんとしたやり方を褒めてくれるでしょう。何にせよ、今日のチーフパーサーはどんな人だろうと心配する必要はなくなります。知識は必要であり、知識は人を自由にするのです。

Q.

先生や上司の言うことが人によって違っていて、困った経験はありますか？　またそれにどう対応しましたか？

5　ミールサービス①——キャビアのアイスボックス

人間はパニックに陥った時に自分でも想像できないような行動を取ってしまうものです。

これまで述べて来たように、乗務を始めた私は、来る日も来る日もフライトではファーストクラスのギャレー（調理場）担当でした。仕事に慣れるにはよかったと思います。一年近く経って、ようやくキャビン（客室）が満席でも納得の行く仕事ができるようになったころ、その「事件」は起きました。

ロサンゼルスから東京へ向かう機内のことです。

当時、ファーストクラスの食事は和食と洋食があり、和食は懐石料理を意識したコース、洋食はフランス料理に準拠したコースになっていました。

オードブルはワゴンで供され、お客さまの目の前でトレー上からご希望の品を取り分けました。

オードブルトレーの花形は何と言ってもキャビアです。高価なキャビアに相応しく、大きなサイコロ状の氷の上に穴が開いていて、その穴にキャビアのビンがすっぽり入っているという華やかなデコレーションでした。

その氷はアルミホイルに包まれ、小さなダンボール箱に入った状態でギャレーに積み込まれます。フライト前の搭載確認では、手順として中を開けてまでは調べず、その箱があることを確かめることになっていました。

その日も離陸してから、ギャレーでランチの準備を始めました。

メニューに沿って、一つひとつ用意していきます。キャビアに関しても氷の入った箱を開け、アルミホイルを取った状態にまでして、サービス直前にキャビアの瓶を載せるのです。

アルミホイルを開けて氷がむき出しになった時、体が凍りつきそうになりました。

氷に穴がない！

サイコロで言えば、1の目の面がキャビアの瓶が入るほど大きく深く掘り込まれているはずなのです。それが目の前にあるのは単なる氷の正四面体でしかありません。

慌てました。頭の中が真っ白になって、思考停止になったのでしょうか。何をし始めたかというと、氷を砕くアイスピックでキャビア用の穴を開けようとしたのです。

とにかくキャビアを入れる穴がなくてはいけない。ないのなら作らなければいけない。

そればかりを考え、ひたすら氷の表面を削っていきました。冷静になって考えれば、氷にある程度の穴は掘れるかもしれませんが、キャビアの瓶がスポッと入るような形の良い穴が開けられるはずもないのに。

傍から見ると一心不乱に作業していたに違いありません。

穴の深さが二、三センチに達したところで、氷は突然ひびが入って、真っ二つに割れました。その時、発見しました。穴はあったのです。上面ではなく、真裏。つまり底面に。

穴が開いてなかったのではなく、アルミホイルに包む時に間違って上面を底にしてしまったというミスに過ぎませんでした。ドライアイスに包まれていたので、表面が白く曇っていて下の穴が見通せなかったのです。何より、大慌てで、じっくり氷全体を見てもいませんでした。

穴はあったのですから、後は氷が元の状態に戻ってくれればよいのですが、接着剤で一つにすることもできません。途方に暮れました。

アイスピックで立方体の氷に穴を掘ろうとする。そんなバカげたことをやってしまう。人間、パニックに陥ると何をしでかすかわかりません。

救難訓練で訓練生は「パニック・コントロール（Panic Control）」、つまり緊急時に旅客がパニックに陥ることを制御する方法を学びます。

緊急事態発生と同時にいち早く「大丈夫！　落ち着いて！」「大丈夫！　落ち着いて！」と大声で連呼し、旅客の動揺を静めます。それから引き続いて、必要な指示を出すのです。何より初動が肝心です。

このロサンゼルス便の体験後は、何か慌てるようなことが起こると、私もまず「パニック・コントロール」に努めるようになりました。自分自身に向かって、まず「大丈夫！ 落ち着いて！」と声に出して言うのです。

間違いなく効果がありました。

Q.

後で思い出すと滑稽なほど、パニックに陥った経験はありますか?

6 ミールサービス②——キャビアその後

キャビアの氷が真っ二つに割れた後の話です。

さて、どうするか？　氷は使えないのですから、格好悪かろうが瓶のままワゴンに載せるしかないのか？

憑き物が落ちたように冷静になった私は、その前月、先輩から聞いたキャビアのサービス方法を思い出しました。

満席の時、キャビアは一瓶では足りず、三個も四個も使います。しかしアイスボックスは一つしかありません。ワゴンに蓋を開けた瓶を余分に用意しておき、客室担当者が適宜空になった瓶と交換していました。

その交換の手間を省くため、既に冷やしてあるサラダ提供用のサラダボウルにキャビアを入れると、瓶三個分が一度に入ります。そのままでは見た目が貧相なので、レモンスライスを花壇の垣根のように、縁に沿って差し込む。お客さまが座席から見ても見栄えは悪くありません。

この方法は機能的ではあるものの、せっかくの氷を使わないのはもったいないので、チーフパーサーによって評価が分かれるやり方であるとのことでした。

それをやってみるしかありません。

オードブルワゴンをセットし、恐る恐るチーフパーサーに通常とは異なるキャビアのサービス方法を提案してみました。

「じゃあ、今日はその方法でやってみよう」

オードブルサービスが終わって、ギャレーに戻ってきたワゴンを見ると、用意したキャビアは見事に全部提供され、サラダボウルにはレモンスライスだけが残っていました。

サービス後の反省会の時、チーフパーサーから真っ先にキャビアのことを褒められました。

「満席の時はあの方法がいいね。初めてやってみたけど、瓶を交換する手間が省けるし、お客さまとゆっくりお話しながらサービスできる。本当によかったよ」

優しいお言葉に恐縮しながら、「実は……」とアイスボックスをアイスピックで割ってしまった件を告白すると、ギャレーは四名のファーストクラス担当全員の笑いに包まれました。

「それでスムーズなサービスができたんだから、『瓢箪から駒』だね」

これもチーフパーサーの言葉でした。瓢箪の中に駒が入っていなければ、いくら振っても何も出てきません。

いくら冷静に考えたところで、先輩から別のサービス方法を聞いていなければ私もその場で考案することはできなかったでしょう。困った時こそ、普段の勉強が活きます。知識は身を助けるのです。

Q. 困った時に、先生や先輩からの過去のアドバイスを思い出して助かった経験はありますか?

7 ミールサービス③――キャビア・ガーニチャー

ファーストクラスのオードブルの中でも当時（一九九〇年代）最も人気の高かったキャビア。一時期、漁獲高激減による入手困難とそれに伴う価格高騰で搭載中止となりましたが、復活を希望されるお客さまの強い声で、再び機内でサービスされるようになっています。

サービス方法で興味深いのは、キャビア・ガーニチャー（付け合せ）のうち、たまねぎだけが特別扱いであることでした。

私が乗務していたころは、オードブル自体をワゴンでサービスしていました。お客さまがオードブルでキャビアを召し上がる場合は、お皿にキャビアを載せて、ウェッジレモン（Lemon Wedge）とゆで卵の黄身・白身は自動的に付け、たまねぎのみじん切り（Chopped Onion）だけはどうなさるか尋ねる、という手順でした。

どうしてたまねぎだけ聞くんだろう？　聞くんだったら、卵の黄身はどうなさいますか、白身はどうなさいますか、レモンはどうなさいますかって全部聞けばいい。たまねぎだけ聞くというのも変な話で、聞くなら全部聞く、聞かないなら聞かない、でいいじゃないか？

未熟な素人考えでした。ただ、実際のサービスでお客さまから「たまねぎは要らない」と言われたことがないのも事実でした。お嫌いなら、残せばいいだけのことでしょうから。

折からのグルメブームで私もサービスする側の人間として数多くのフランス料理や懐石料理、ワインについての本を読むうち、辻静雄さんの『フランス料理の手帖』（新潮社、一九三八年）に出合いました。その第一章が「キャビア」で、こういう文章があります。

アメリカにベルーガ・クラブという、曰くつきの会があって、わが敬愛するヨーゼフ・ヴェックスバーグさんは、その第五番目の正会員であるが、この会の定款第二項に次のようなことが記載してあるといって、大笑いしていた。いわく、「本会正会員は、フレッシュのベルーガ・キャビアに、玉葱をふりかけた場合、自動的に除名処分となる。」どうしてなかなか、大真面目なのである。

ベルーガ（Beluga オオチョウザメ）はキャビアの中でも最高級で、オシェトラ（Oscietra ロシアチョウザメとシップチョウザメ）、セヴルーガ（Sevruga ホシチョウザメ）とランクは続きます。チョウザメの種類によって卵の粒の大きさとブランド価値が異なります。当時はどの航空会社もセヴルーガを機内でサービスしていましたが、現在はベルーガにグレードアップしているようです。

話を戻すと、つまりたまねぎというのは、キャビアにつけておいしいという人がいる反面、ある種の美食家にとっては、付け合せとしてとんでもない、ということなのです。一緒のお皿に載せて、いやだったら食べなきゃいいでしょう、といったものではない、「ふりかけただけで、自動的に除名処分となる」くらいですから。

その当時、ファーストクラスでキャビアをサービスする際、たまねぎだけお好みを聞くというのは、キャビアという高級食材をサービスするにあたり、そういった考え方の人もいる、というところまでデリカシーを持ってサービスしているということだったのです。

そんなの意味がない、というのは、自分の低いレベルで物を言っているだけであって、そのレベルの判断力で勝手に格調高いファーストクラスサービスを変えてはいけない、という好例でした。

Q.

キャビアに限らず、高級食材の食べ方で何か知っていることはありますか？　ＴＶや雑誌で見聞きした、不確かな知識・情報でも構いません。

8　ミールサービス④——ケーキセット

乗務中以外でも、海外に滞在している時は学びのよい機会です。

これも乗務を始めてまもないころ（一九八二年）、初めてパリのカフェに一人で入った時のことで記憶に残っているのは、注文したケーキは早々に出てきたのに、待っても待ってもコーヒーが出て来なかったことです。ギャルソン（ウェイター）にコーヒーはまだかと尋ねると、「今飲むの？」と驚いた様子ですぐ持ってきてくれました。日本のケーキセットに慣れている私にしてみれば、ケーキとコーヒーは同時に提供されてしかるべきだと疑いもしません。その時やっと訓練部で教わったファーストクラスのコースの順番が意味を持って思い出されました。

フランス料理のコースとしては、デザート（Dessert）の後にベバレッジ（Beverage）を出すのが正式な順番であって、独立しているのです。つまりデザートをお下げしてから、飲み物を出すのです。

そうは教わったものの、実際の機内ではどうサービスしていたか？　大多数が日本人のお客さまとあって、デザートをお出しした後はすぐたくさんのコーヒー、紅茶、日本茶のオーダーがありました。そのため、コースの順番の意識はすっかり薄れていたのです。

では、高級フレンチレストランではどのようにサービスされているのでしょうか?

パリのレストランでは店にもよるのですが、デザートの時の飲み物としては、デザートワインか、水。その後、ベバレッジの時は注文しなくても自動的にプチ・フール（Petit Four）と呼ばれるお茶菓子が付いてきます。つまり、デザートとコーヒーなどは別々にサービスされるということです。

そういうある意味正式な順番を理解した上で、日本人のお客さまにとって快適な順番を工夫する姿勢が大切です。原則を知った上で、お客さまの要望に柔軟に対応する。ファーストクラスにおいて、「ケーキセット」の食べ方が基本であってはいけません。

ついでながら、時代は変わり、その後パリのカフェでもカフェ・グルマン（Café Gourmand）というメニューを見かけることが多くなりました。直訳すると「食いしん坊コーヒー」。エスプレッソにミニサイズのデザートが数種類付いた、まさに「ケーキセット」です。おいしい食べ方であることは間違いありません。

Q. 居酒屋やレストランでサービスに関して何か発見したことや学んだことはありますか?

9 「どうせ」をなくす

「中村君、5インチをオーブンに戻して！」

そんな情けない指示をチーフパーサーから受けたのは、乗務し始めて一年程たち、周りからも「もうギャレーデューティー（調理場の仕事）は一人前ね」と言われ始めたころでした。自分でも結構できる方だとの自負がありました。自分なりに研究し、毎回工夫してやってきたのです。

当時のファーストクラスサービスはボーイング747の場合、お客さま三二名に対し、客室サービス全体の統括者でもあるチーフパーサー、ギャレー担当のアシスタントパーサーの各一名、そしてファーストクラス・キャビン（客室）担当のCA二名の合計四名が担当しました。

元に戻って、その「5インチ」です。当時のファーストクラスでは三種類のお皿が使われ、その大きさで、9（ナイン）inch（インチ）plate（プレート）、7インチプレート、5インチプレートと呼ばれていました。多くの場合、プレートは省略されて、「○インチ」と呼びました。

5インチにはいくつかの用途がありましたが、その一つがパン皿です。ファーストクラスの食事サービスのスタートにあたり、ワゴンでテーブル・セッティングをするのですが、その際、5インチはキャビンに出す直前にオーブンから熱々の状態でワゴン最上段にセットすることになっていました。

ところが、だんだん慣れてくると、キャビンで5インチの温度は急激に落ちるでしょうし、パンが配られるころには室温だろうと思ってくるのです。「熱いものは熱く、冷たいものは冷たくサービスする」というサービスの鉄則が知識として頭にあるだけになってしまいます。

まだサービススタートまで時間があり、ギャレーに戻ったその時のチーフパーサーが、すでにワゴン上にある5インチを見つけて、私に言ったのが最初の言葉です。

正直のところ、自分の仕事にケチをつけられて、最初はカチンときました。そしてすぐ、その正論に自分の仕事を恥ずかしく思いました。言い返す言葉がありません。

あえて言い訳するとすれば、「どうせ」です。どうせこだわってギリギリに5インチをセットしたところで、お客さまのところに行った時にはもう冷めているでしょう。

「どうせ○○しても」。便利な言葉です。しかしサービスを担当する者には禁句です。それを言い出すとキリがありません。

その「どうせ」をなくせ！

チーフの短い言葉が私にサービスの基本を思い出させてくれました。

Q. 日常生活の中で、どうせやってもムダだと思うことはありますか？

10 化粧室の美しさ

「ＪＡＬの化粧室は世界一美しい」。私が乗務し始めた一九八〇年代以前から航空業界ではこのように言われていました。

シンガポール航空の世評が高くなり始めたころ（一九九〇年）に、同社の客室訓練担当者と話したことがあります。「今やＪＡＬに学ぶ点はない」と豪語していました。「ただ一点。トイレのきれいさだけは、まだかなわない」と付け加えて。

化粧室を美しく保つという伝統は、その後も脈々と受け継がれていると思います。

「ラバトリーチェック」と呼ばれるトイレ掃除の一般的手順は訓練部で教えますが、それを上回るチェック項目を実際の機内で先輩から教わりました。

- 鏡は一点の曇りもなく磨かれているか？
- ドアの鍵や蛇口に指紋が付いていないか？
- 洗面台やその周辺に水の飛沫が飛び散っていないか？

・ティッシュペーパーやトイレットペーパーはお客さまが使いやすい、取り出しやすい状態に保たれているか？
・床周辺や化粧室前の通路に紙くずやゴミは落ちていないか？

自宅にお客さまをお招きした時のように、常に美しく清潔な化粧室を保つこと。これは他社にまねできないサービスの良さとして誇ってよいものです。

ラバトリーチェックはお客さまの列がちょうど切れる時を見計らって行っていました。

他社便に乗って仕事の様子を観察してみると、あえて列の途中でお客さまに待っていただき、扉を開けたまま掃除していました。お客さまにすると、「CAさんがわざわざトイレ掃除をしてくれた」と感心するかもしれません。終わった後に私が化粧室を見回すと、先ほどの基準からすればかなり雑な仕上がりです。ただ、一般のお客さまは床に落ちているティッシュの切れ端やシンクの水滴をどこまで気になさるのかはわかりません。

お客さまのいないところでも一所懸命やってお客さまには誰が掃除したのかわからない状況と、雑ではあっても見せる要素でお客さまが感心するのと、どちらがサービスとして評価されるべきなのか、判断に困るところです。

Q.

あなたはどちらを評価しますか？　その理由は？

Column 異文化のもとでのホスピタリティ① アフター5

これは一九八九年に私が教官として初めてクラス担任となった香港基地新人訓練での思い出です。

二カ月半にわたる訓練の中ころ、金曜日の夜、授業を終えた後に、「アフター5」なる催しがありました。三、四クラス単位で演芸大会のようなものを行います。歌あり、踊りあり、劇ありと、各クラス、いつ練習したのだろうと思うような出し物で、教官・訓練生が大いに楽しめました。

当時は訓練部内の大教室を使い、一人一五〇〇円の会費と会社の補助を足して、オードブルと飲み物を用意していました。

外国人のクラスは、公私の区別がハッキリしているため、通常対象外とされています。にもかかわらず、私が担任した香港基地乗務員のクラス訓練時、日本人のクラスが二組しかなく、数の関係で香港のクラスも参加してほしいとの依頼がきました。軽く引き受けたものの、彼女達の反発は予想外に強いものがありました。

まず、それは強制なのかどうか。業務ではないのだから、強制力はないとはいえ、自由参加にしたら、誰も来ません。「強制ではないが、ぜひ来てほしい」という苦しいお願いです。お金を一五〇〇円徴収することへの抵抗も大きいようでした。「一五〇〇円もあったら、香港ではシェラトン・ホテルのランチが食べられる」などと言います。

「何か芸をやってほしい」となると、ますます怒ってきました。せっかくの自分の時間を使い、お金まで出して、教官が芸を見せるならともかく、なぜ自分達がやらなくてはいけないのか、という反論です。言われてみれば、一理あります。

日本人クラスならごく普通に受け入れられる「アフター5」なる催しが、極めて日本的な発想に基づく行事だとわかりました。

教官・事務職員・日本人クラスとの貴重な交流の場だと説明して、何とか全員参加まで漕ぎ着けました。

出し物は、あまり練習しなくていいように、中国語の歌と英語の歌を一曲ずつ歌い、大喝采を浴びて終了。問題はその後からでした。

次のクラスの出し物はミュージカルでしたが、彼女達には全く内容がわかりません。つまらなくなった彼女達の一部が帰りたいと言い出し、他のクラスメイトも私語を始めました。私と彼女達は周りからの冷たい視線を感じます。

その時、二番目のクラスの出し物が始まりました。

まずナレーター役が登場して、何と英語で話し始めたのです。

「皆さん、こんばんは。私達はU教官のクラス××組です。私達は全員大阪出身です。大阪の言葉は東京の標準語とは少し違います。私達の訓練が大阪弁で行われたらどんな風になるのか、訓練風景を劇にしてみました。残念ながら日本語ですので、香港基地の皆様には、理解していただけませんが、北京語と広東語の違いによるコメディーのようなものです。少しでもその面白さが伝われば、と願っています。それでは、始めます」

嬉しくて涙が出ました。U教官のアイデアなのか、クラスの訓練生からの発案なのかは知りませんが、本当に感謝の気持ちで一杯になりました。

退屈そうにしていた私のクラスは皆一所懸命劇を見ていました。ところどころで笑いさえ起きたほどです。

「あなたたちの存在はわかっていますよ」という気配り。それには同僚への思いやりが溢れていました。

✈ ✈ ✈ ✈

11 語学習得法

私の入社同期で一番語学が得意だったのはS君でした。東京外国語大学スペイン語科卒。大学時代メキシコシティに二年間留学していたので、スペイン語1級の実力は当然かもしれませんが、英語も1級。大学に入ってから始めた仏語も1級というのは大したものです。同期の間では、語学の達人として、私たち凡人とは違った語学の才能があるのだと一目置かれていました。

タイのバンコクで二人の滞在が重なった時（一九八〇年）があります。私たちのグループはローマに向かう途中。彼のグループはアテネからの帰りでした。ホテルのロビーで偶然会い、私のグループと一緒に夕食に行くことになりました。彼はメキシコに二年も住んだだけあって、ラテンの社交性というのか、場を大いに盛り上げる存在感です。すっかり人気者になり、食後そのままチーフパーサーの部屋に集まって宴会状態になりました。

夜の一〇時過ぎだったでしょうか、大いに盛り上がっている最中に、彼は「気分が悪くなった」と言って、部屋に戻ってしまいました。

翌日話を聞くと、気分が悪くなったというのはウソでした。勉強するためだったのです。

彼曰く、英仏スペイン語を最低各三〇分、合計一時間半の勉強を毎日やらないと力が落ちる。語学というのは、伸ばすのも大変だけど、それを維持する方がもっと大変だ、というのです。それで、楽しい宴会の最中でも失礼した、と。しかし翌日は休みなのですから、合わせて三時間やればいいだけの話ではないのか、と私などは考えてしまいます。

彼の反論。

一日休むと、翌日合計三時間になる。それは何とかなるけど、もしその日急用ができて勉強できなければ、その次の日は四時間半。これは学習の効率が悪いだけでなく、実質不可能。だからできる日には必ず一時間半やることにしている。

心底感心、敬服しました。同時通訳や文学的な翻訳などには確かにその才能が必要かもしれません。しかし一般的な英語力に関して言えば、それは特別な才能といったことではなく、一定の時間ちゃんと勉強するかどうか、ということなのでしょう。

語学習得法、それは効果的だとか能率のよい方法だとかいう以前に、実際にやるかどうかが問題なのです。やらない理由はいくらでもある。言い訳はなんとでもできます。実行あるのみ。

世界中のお客さまにサービスする上で、英語力は欠かせません。

Q. 語学に限らず、自分の能力向上のために、日課として努力していることはありますか?

第1章のおわりに

この章では「サービス――仕事からの学び」として、私が乗務を始めたころの失敗談を中心にエピソードをまとめました。

新人に失敗はつきものです。どんなに優秀な教官たちでも、酒の場でお互いの若かりしころの失敗談を語り出すと信じられない話ばかりで、それはもう爆笑に次ぐ爆笑でした。それを乗り越えて、一人前のCAに成長していくのです。

若手パーサーの時代にはよく新人から仕事の相談を受けました。まじめな新人に限って、「仕事ができなくて周りに迷惑をかけている」「自分はCAに向いていないのではないか」と悩みます。

アドバイスは決まっていました。

「悩んでいるうちは大丈夫」

職場で問題視されるくらいできないCAの特徴は、自分の不出来を認めないことでした。周りがいくら指導しても、できていないことを自覚しなければ、直しようがありません。

一人前の仕事ができるようになるのに、半年かかる新人もいれば、一年かかる新人もいます。能力、適性にはどうしても個人差がでます。しかし、元々たくさんの希望者から選抜された優れた人財です。努力を続ければ、必ず一定の水準には到達します。

悩んでいるということは発展途上。間違いなくその先にゴールはあります。

逆に気を付けなければいけないのは、自分で一人前になったと思えた時。本当にそうなのか？　成長が止まる危険性があります。忌憚のない意見を言ってくれる先輩や上司に助言を求めた方がいいでしょう。

皆悩んで成長してきたのです。

一人前の仕事ができるようになった段階でお客さまが5段階評価（5：大変満足、4：満足、3：普通、2：やや不満、1：大変不満）の評定をした場合、やっと3をもらえるレベルになりました。さあ、これから4、5を目指していきます。次章で「CS（顧客満足）」について、考えましょう。

第 2 章

CS（顧客満足）

先輩からの教え

1 CS（顧客満足）とは？

CS（Customer Satisfaction）という言葉に初めて出くわしたのは、一九九一年四月です。教官（パーサー）からチーフパーサーに昇格し、大阪基地に配属になりました。まだ関西国際空港は開港しておらず、大阪国際空港（伊丹空港）の大阪空港支店に客室乗員部という組織があり、約二〇〇名のCAが所属していました。

新任チーフパーサーの担務として「CS担当」が言い渡されました。CS？　周りの者は誰も知りません。さっそく本屋で関係書籍を買い込んで来ました。一九九一年の時点ですでにCSに関する本が何冊も出版されていたのです。

CSはその後、日本の会社、特にサービス業では盛んに喧伝され、今でも広告で「顧客満足度№1」といった表現が見られます。「Customer Satisfaction（顧客満足）」ですから、文字通りお客さまの満足度を高めよう、というサービス向上運動と短絡的に捉えがちです。しかしCSの核心はそこではありません。

リピーターを作ることが企業、特にサービス業にとって死活問題である中、お客さまにそこそこ満足していただいたというレベルでは、リピーターになってはくれません。5段階評価のアンケートで1（大変不満）、2（やや不満）は論外だとしても、3（普通）ではダメ。4（満足）でも不十分なのです。5（大変満足）のレベルに達してようやくお客さまはリピーターになり、周りの人たちによい評判を伝えます。自分の感覚から言ってもそうではないでしょうか。「また来たい」と思える店は特別な何かがないと、新しい店の方が魅力的に感じるものです。

「サービスをよくしよう」ではなく、「大変満足のレベルまでサービスを上げよう」でなくてはなりません。「大変満足」していただくにはどうしたらよいか？　そこには「感動」が必要です。安易な理解を広めないためにも、「CS（Customer Satisfaction）顧客満足」ではなく、「CD（Customer Delight）顧客歓喜」と呼ぶ方が適切ではないかと言われる所以です。

お客さまを感動させる、CDを生むサービスに何が必要か？　これまでのサービスの延長線に答えが見つからない中、注目されてきたのが「ホスピタリティ」なのです。

この章では、サービスの基本を学んだ後の私が、先輩方から指導を受けながら、サービス向上に努力した過程のエピソードを「先輩からの教え」としてまとめました。「感動のサービス」に至る前のレベルです。

2 繰り返しの重要性

私がパーサーのころ（一九八五年）所属したグループで、便出発前のブリーフィングの時に言う言葉が決まっているチーフパーサーがいました。

その当時はパーサーが全体の司会をし、最後にチーフパーサーが補足をしたり、自分のポリシーを述べて、ブリーフィングをまとめていました。

そのチーフは、私が「チーフ、何か？」と言うと、必ずにこやかに
「動作に笑顔と言葉を添えて」

と発言します。それだけです。いつもそれだけでした。余りに徹底しているので、いつだったかからかって、

「チーフ、『動作に笑顔と言葉を添えて』の他、何かございますか？」

と尋ねたら、真顔で、

「動作に笑顔と言葉を添えて、それだけです」

と答えたことがありました。

おかげで、この年になっても、彼のブリーフィング光景とその言葉は、はっきり覚えています。のみならず、サービスに携わる人間として、実に的を射た言葉だと痛感させられることが何度もありました。

ニューヨーク・東京間など冬場はフライトタイム（飛行時間）が一四時間を超えることもあります。そういった長距離路線では、疲れが出ると、ＣＡはつい無表情になりがちです。またサービスにあたり、言葉数が少なくなってしまいます。これは無意識にそうなってしまうので、防止にはそれなりの自覚が必要です。

客室へ出るごとに「動作に笑顔と言葉を添えて」と自分に言い聞かせることによって、そういった疲労時に陥りやすいサービスの低下をグループ全体で防ぐことができていたのです。

毎回ブリーフィングの度に気の効いたコメントをするのは大変です。大変であるのみならず、その内容は残念ながら徹底されにくいでしょう。

自分が上司の立場になると、グループのメンバーが自分の指示通りにしない・できないことがよくあります。「あれ程注意したのに」と思う度に、そのチーフのブリーフィングを思い出します。人間、定着には時間がかかり、そのためには、繰り返すことが必要です。

Q. 上司や先輩の言葉で今でも覚えているものがありますか？

3　目切りの早さ

「動作に笑顔と言葉を添えて」

この言葉の大切さは先ほどお話した通りです。しかし、ある時、それだけでは不充分というより、そのために欠かせない注意点があることがわかりました。

乗務員にはデッドヘッドという勤務があります。直訳すると「死んだ頭」ですが、有償旅客数に入らない、という意味で、勤務地移動のために表面上旅客として機内に乗ることです。

仕事とはいえ、旅客の視線から先輩同僚のサービスを観察することができるありがたい機会でした。

私の列の担当CAは、きびきびとした動きの、いかにも仕事が出来るといったタイプの女性です。

おしぼりサービス。

笑顔を絶やさず、「おしぼりでございます」「どうぞ」「おしぼりはいかがですか」と、単調にならずきちんと言葉も添えています。「動作に笑顔と言葉を添えて」の模範のようなサービスです。

でも、なぜか丁寧な印象を受けません。何が足りないのでしょうか。

ずっと観察していて、気が付きました。目線がすぐ次のお客さまへ行ってしまうのです。目切りが早い、という言い方もします。「お客さま、おしぼりでございます」と言った瞬間、もう目線が次の列へ移り、結果として、おしぼりを差し上げた側に、自分へという感じがうまく伝わりません。それを繰り返すことによって、結局、丁寧さが感じられないのです。

リカーサービスの時、私はトマトジュースを頼みました。手際よくレモンスライスを添えたトマトジュースが目の前に出され、塩・コショウの小袋がテーブルの上に置かれたところで、私が「ありがとう」と顔を上げると、彼女の顔は既に反対側の列のお客さまに向いていました。これでは、何か頼もうと思っても、わざわざ声を掛けなければなりません。

元上司の大切にしていたモットー「動作に笑顔と言葉を添えて」は標語として言葉足らずであり、「動作に笑顔と目線と言葉を添えて」とすべきなのでしょうか？　いえ、違います。「笑顔」には、お客さまへ向けた目線が入っていなければなりません。そのモットーを正しく実行する。その大切さ・難しさを改めて発見した思いでした。

Q. サービスを受けた直後に相手の表情を見たことがありますか？　多くの学びが得られます。

4 目切りの遅さ

同じように客室を一周しても、ものをよく頼まれるCAとそうでないCAがいます。

私がCAとして乗務し始めた時（一九七九年）、私が一回りした後、客室に出た先輩CA（女性）が何人ものお客さまから声を掛けられるのを見て、その後のサービスを観察したことがありました。

私とどこが違うのか？　お客さまにしてみれば、男性からより、きれいな女性からサービスされた方がいいに決まってる。単純にそう考えていました。

まず、客室での表情。

私はどちらかと言えば、無表情だったと思います。接客中はともかく、歩いている時には特に表情を意識していませんでした。

その先輩は、親しみやすい表情、というのか、少し微笑んでいる。しかもそれが自然に見える。人間、無意識に笑顔にはなりません。彼女の心のゆとりを感じました。

そして歩くスピード。

彼女はお客さまと目を合わせようとしながら、ゆっくり歩いている。

以前、「一歩一秒のつもりで」と指導されたことがありました。実際にやってみると、ありえないスピードです。ただ、そのくらいのつもりがないと間違いなく速足になっています。私もいつの間にか、意識せず、自分本位のスピードになっていました。

最後に、目切りの遅さ。

前節で「目切りの早さ」に注意が必要という話をしました。彼女の場合は最後までお客さまのシグナルを見逃さない姿勢が明らかでした。

「お客さまより一秒遅い目切り」、彼女がサービス中に心掛けている言葉だそうです。

これらすべてによって、お客さまが私より彼女に頼みやすい雰囲気を作っていたのです。

笑顔と歩くスピードは目立つので新人はよく注意されますが、「目切りの遅さ」これは上級のヒントかもしれません。

Q. あなたの普段の生活で「目切り」を意識したことがありますか?

5　言い訳をしない

私の訓練生時代（一九七九年）には、訓練後半に「先輩は語る」という授業がありました。現場で実際にフライトしている先輩が来て、心構え・注意事項など、教官とは違う実践的な知識・情報を伝えてくれる授業でした。

その時来てくれたEさんのお話で一番役に立ったのは、「言い訳しない」という教えでした。実際に乗務し始めると、私たちはほとんどファーストクラスのギャレー（調理場）担当でした。ファーストクラスの機内サービス、特に食事サービスは、洋食はフレンチ、和食は懐石料理をイメージして構成されています。ギャレー担当は飛行機に乗り込むとまず、搭載品をチェック。食材・サービス用具がちゃんと積まれているかどうか？　そして、特に食材はその状態をチェック。ワインを始めとするお酒類の管理も、もちろんギャレー担当の仕事です。

その膨大な量の仕事をお客さま搭乗前の忙しい中で全部完璧にやるのは至難の技でした。

日本発の便に関しては、どの空港もきちんとしているので、抜けはほとんどありません。問題は海外です。当時機内食搭載で評判の悪かったアメリカのある空港では出発時に、こんなことがありました。

その日はたまたまエコノミークラスの担当だったのですが、どう数えても書類上より二四名分の食事が足りません。エコノミークラスは前方にもギャレーがあるので、そちらの間違いもありうると調べているうちに時間はどんどん経ち、まもなくボーディング（お客さま搭乗）の時間。ここで食事が足りない、つまり追加搭載することは飛行機の出発が遅れる、という重大事です。しかし足りないままで出発は出来ません。意を決して、チーフパーサーに二四食分の不足を連絡しました。

食事搭載の責任者と思われる米人男性が血相を変えてやってきました。のっけから、「不足なんて、ありえない」「よく探せ」と高圧的な態度です。「よく探せ」と言われても、こちらはよく探しても見当たらないから頼んでいるのです。「じゃあ、どこにあるんだ」と言い返したいくらいでした。

バタバタと食事の入っているカートを開けて数え始め、最終的にはやはり私たちの主張通り数が足りません。その時、彼が言った言葉を今でも覚えています。

「どこに隠した？」

唖然としました。機内サービスをする私たちが隠すわけがありません。

追加搭載をし、何とか出発遅れを三〇分以内に収めて、その便は出発しました。

後で聞くと、その空港に限らず、飛行機が出た後「食事が足りなかった」という報告があっても、搭載側は「ちゃんと載せた。クルー側の間違いだ」と言い張って、水掛け論で済ませるのだそうです。それだけに、搭載側は何としても地上では自分の非を認めたがらない。その結果が、「どこに隠した？」だったわけです。

ですから、搭載品のチェックは大変重要であり、また難しくもありました。

そして離陸後、実際のサービスが始まってから、ない物がよく明らかになりました。スープサービスの準備をしていると、あったはずのレードル（ひしゃく）がない。コーヒー・紅茶用のスモールスプーンが一つもない、など。中でも、なくて一番困るのは、ローストビーフ用のカービング・ナイフでした。

たとえばスープのレードルであれば、本来キャビンに出てお客さまの面前でスープ・チューリーン（容器）からレードルでお皿に注ぐわけですが、その日はギャレーで注ぎ、スープ皿でサービスする。通常とは異なりますが、レストランのサービスを考えれば、別に問題ありません。コーヒー・紅茶用のスプーンは少し見た目は落ちるものの、ビジネスクラスのものを転用できます。

ただ、ローストビーフのナイフ、これは他のナイフでは転用できません。リンゴを剥いたりするために、通常の包丁が搭載されていましたが、それではローストビーフを切り分けるのはムリです。ですから、どんなに忙しくて、搭載品のチェックを簡単に済ませなければならない時も、カービング・ナイフだけは搭載されていることを確認しました（ちなみに、現在はセキュリティの関係から、ハイジャックの凶器になりうるものは機内に搭載されておらず、カービング・ナイフもないそうです）。

そういった状況なので、いざ食事サービスが始まってから、何かがないことに気付きます。サービスに支障が出るので、当然チーフパーサーに報告しなければなりません。その時、言い訳したくなるのです。


「確か地上ではあったはずなのですが」

「時間がなかったので、二人で手分けしてチェックしたもので」

「搭載担当者は絶対大丈夫だと言ってたのに」


何を言っても、目の前にないものは出てきません。

「申し訳ありません。自分のチェックミスです。その代わり、サービスは……とします」

これしかありません。


乗務員生活の間、先輩の言葉を何度も思い出しました。

言い訳は何の役にもたたないだけでなく、あなたの価値も下げます。

「言い訳をしない」。何か起こった時、新人に真っ先に思い出して欲しい言葉です。

Q. 「言い訳」をして、後で反省したことはありますか？

Column 異文化のもとでのホスピタリティ②
ああ言えばこう言う（1）

一九八七年に客室乗務員の海外基地を従来の香港一基地から、ロンドン・フランクフルト・シンガポールを含めた四基地体制にするという計画を知ったのは、現場でパーサーとして乗務していたころでした。

訓練部が慣れない白人訓練生の対応に大変だというウワサが流れてきました。しばらくするとOJTが始まります。楽しみな反面、どう教えたらいいのか、不安もありました。

そうこうする内、ヨーロッパからの帰り、アンカレッジ―成田間にフランクフルト基地のOJT訓練生が乗務するとの情報が入りました。ドイツ採用の第一期生で、一カ月にわたるOJTフライトも今回で最後とのこと。私のグループ員も青い目のCAに興味津々でした。

出発前ブリーフィングで自己紹介した後、彼女をリラックスさせるため、私は口を開きました。言葉は英語です。

「OJTは今回が最後だそうだね。何かわからないことがあったら、グループの誰にでも、気軽に質問してください」

それに対し、彼女は固い表情で答えました。

「私はほとんど完璧（almost perfect）なので、質問することはないでしょう」

この返答には、グループ員一同、口あんぐりでした。

定型のブリーフィングが終わり、残りの時間でOJT訓練生に質問します。

「日本の免税基準について質問します。お酒は三本まで免税ですが、たとえばミニチュア・

ボトルでも三本ですか？　逆に、最近流行の一リットルびんも三本までOKですか？」

「どんなびんでも、三本は三本です」

正解は、一本七五〇ｃｃが目安となるため、ミニチュア・ボトルなら合わせても一本分にすらなりません。一リットルびんについては、税関係員は大目に見てくれることが多いようです。

彼女の間違いを指摘し、その解説が終わるや否や、思いもかけぬ発言がありました。

「あなたの英語がクリアーでなかったので、私は間違えた答えをしてしまった」

初対面の上司に対して、何たる無礼な言動。日頃温厚な私も憮然とした表情になっていたかもしれません。

気を取り直して、質問を続けました。

「次はIMMIGRATION（入国管理）の質問をしましょう。成田に着いて、夜の便で香港へお乗り継ぎ（TRANSIT）のお客さまが、待ち時間で成田山へ行きたいとおっしゃっています。日本入国書類は必要

ですか?」

質問し終えてから、慌てて言い足しました。

「今の質問の英語はクリアーだったでしょうか?」

彼女の答えは、

「TRANSIT 旅客なら、入国書類は不要です」

TRANSIT 旅客は一般的に空港内に留まるので入国書類は不要ですが、成田山に行くとなれば、一旦日本へ入国するということですから、書類は必要となります。

私の説明に対して、彼女は何と答えたでしょうか。

「あなたの質問の TRANSIT の定義（DEFINITION）と私たちが訓練部で教わった TRANSIT の定義が違う。そのため間違わざるをえなかった」

全く何という言い種でしょう。素直に「ごめんなさい」と言えば済むものを。

これが、期待のヨーロッパ人訓練生との出会いでした。

[To be continued.]

6　ソムリエ資格

私は一九九〇年にソムリエ資格を取りました。会社で四番目です。つまり私の前に三人のソムリエがいました。

そもそも日本ソムリエ協会が現在のソムリエ試験（正式には、Ｊ・Ｓ・Ａソムリエ呼称資格認定試験）を始めたのは一九八五年でした。第一回試験の時、ＣＡには受験資格がありませんでした。レストランで働いていないからです。ＣＡの先輩であるＯさんとＫさんが協会に働きかけ、翌年から受験資格ができました。その後、ＣＡから何千人ものソムリエが誕生したことを考えると、協会にとってもメリットのある決定だったと思います。

ＣＡの受験が認められた一九八六年にすぐＯさんとＫさんが受験し、合格。その二年後、女性のＨさんが合格。私が受験しようとしていた一九九〇年の時点で社内には三人のソムリエがいました。皆さん、個性的な方々で、職場でもワイン通として有名でした。その方々がソムリエになったことで、ソムリエ資格は極めて特殊な位置付けと捉えられていました。

ところが、個別にＯさん、Ｋさん、Ｈさんと付き合って一緒にワインを飲んでいると、彼らのレベルに達することは到底難しいとしても、しかるべき勉強をすれば、ソムリエ試験合格は可能であるように思えてきました。ファーストクラスのワインサービスはレストランに近いものがあります。そのために社内でソムリエが増えるのはよいことに違いありません。その時のように、特別な人たちだけがソムリエになれるのではなく、勉強すれば誰でもなれることを私が先駆者となって証明しようではないか。受験を決意しました。私はあえて職場の同僚やグループ内でもソムリエ試験を受けると公言し、自分を追い込んでいきました。

するとある日、オペレーションセンターに当時あった図書室でワインの勉強をしていると、一昨年まで私の上司（チーフパーサー）であったKさんが話し掛けてきました。

「中村君、ソムリエ試験を受けるって聞いたけど、本当?」

「はい」

「言いにくいことを言わせてもらうけど、止めた方がいいんじゃないの」

「えっ?　どうしてですか?」

「君の優秀さは私が保証する。将来客室の職場で偉くなってほしい。だから言うんだけど。今、君がソムリエになることは君のためにならない。商社でも変に英語ができると、英語屋になってしまう。この職場でもワインやフランス料理に詳しいことはもちろんいいことだ。中村君にも、ぜひ勉強して、若手を指導してほしい。でも、今ソムリエになることで、『ソムリエの中村さん』になってしまう。そうじゃなくて、『あの優秀な中村さんは、ワインにも詳しい』

というのがサラリーマンとして一番得なポジションだと思う。おせっかいだけど、君の将来を考えると元上司として言わずにはいられなかった」

大変ありがたく拝聴しました。ソムリエ試験を受けようとしている元部下に、止めろというのは勇気がいります。不興を買う危険性が大きい。それをあえて言ってくださった。本当に感謝しました。

感謝しつつも、ソムリエ試験は受けました。そして合格しました。

それほど偉くなりたいと思っていたわけでもないこと、そして何より、その先輩のおっしゃる「ソムリエの○○さん」という状況を打破したかったからです。結局、その後後輩たちがぞくぞくソムリエ試験を受けるようになり、職場として試験日の年休が出せないと問題になるほどまでソムリエ試験の受験が普及しました。今や管理職はかなりの割合でソムリエ資格を持っています。その先鞭を私がつけたという自負はあります。

併せて、私にアドバイスしてくださった元上司のご厚意をその後も忘れたことはありません。部下のことを考えて、あえて言いにくいことでも言ってやる。そういう上司でありたいと思ってきました。

Q. これまでに上司や先輩から受けたアドバイスで感謝しているものがありますか?

Column 異文化のもとでのホスピタリティ③ ああ言えばこう言う（2）

後日、フランクフルトに乗務した際、ドイツ人マネジャーにくだんのドイツ人ＯＪＴの話をしました。私と同じく、けしからんと憤慨するのかと思いきや、彼女の反応に理解を示しました。

その解説はこうです。

まず、ＯＪＴ最後でもう完璧だと言った点。

彼女は決して自信過剰なわけではありません。日本ではＯＪＴが終わっても未熟という前提ですが、ドイツでは必要な訓練が終了するというからには、ＯＪＴ最後のフライトでまだ質問があるようでは問題があります。特に第一期生の彼女は、何が理由で首にされるかわからない中で、精一杯自分の達成度をアピールしていたのです。

また、質問者の英語がクリアーではなかったとか、そもそもの言葉の定義が異なっているので間違ったのだとかいう、訓練生の反論（らしきもの）には、日独の教育の違いが表れています。

質問の答えが違っていれば、得点なしというのは日独同じでしょう。ドイツでは、その後何か付け加えれば、加点の可能性があります。それはこじつけだろうが、言い訳だろうが、とにかく何かを言う必要があり、それが評価されます。彼女は間違いを認めて0点になるのを避けるために、必死で考えて発言したのでしょう。

日本では素直に謝れば、その態度をよしとして加点されるのに対し、ドイツ人のように「悪あがき」すると、0点どころか、マイナス点がつくかもしれません。

聞いてみれば、なるほどと理解できる話で、彼女はあの時、健気に一所懸命やっていたのかとわかった次第です。

異文化交流の難しさであり、相手の立場に立つ難しさを感じた経験でした。

7　レンガを積む

ＣＡの先輩からたくさんのことを学びました。その中から乗務員特性をよく突いたアドバイスをご紹介しましょう。

ＣＡが口を揃えて言うことの一つに、時間の過ぎるのがいかに速いか、があります。国際線で1カ月のスケジュールが配付されると、その月の生活がイメージできます。毎回のフライトの準備をきちんとし、機内ではお客さまへのサービスに全力を尽くす。滞在先では休養とグループ内のコミュニケーションに努め、帰りの機内でもがんばる。日本に戻ると、留守中の雑事の片付けと何より休養が必要。そうこうしている内に翌月のスケジュールが配付され、もう1カ月経ってしまったのかと驚く。その繰り返しで一年間があっという間に過ぎてしまいます。

ある先輩とアンカレッジのホテルのバーで飲んでいる時、普段は陽気な彼が珍しくしんみりと語りました。

「中村君、よく経験を積み重ねる、っていうじゃない。一年がレンガ一個だとすると、毎年毎年それを積み重ねていくイメージ。当然、だんだん高くなっていく。CAってね、レンガを縦にじゃなくて、横に積んでいる。積むとも言わないか。横に置いている気がする。確かにレンガの数は増えていく。ただ、ちっとも高くなっていかない。数だけ増える。この仕事は相当意識して縦に積み重ねていかないと、気が付くと横に置いているよ」

解説は不要でしょう。

CA経験者はこの話を聞くとほぼ例外なく表情を暗くします。「レンガを縦に積む」努力の不足を痛感するからです。

日々の生活に流されないことを具体的なイメージで教えてくれるアドバイスでした。

Q. レンガを縦に積む努力や心掛けには、どんなものがあると思いますか?

8 大きな石

私が乗務し始めたころ（一九七九年）の、どんな場面で聞いたのかは忘れましたが、人生を語るのが好きな先輩の話で今でもよく覚えている教訓があります。

ある大学での話。

教壇に大きな甕《かめ》が置いてあったそうです。

ここからして、作り話っぽくありませんか？　大学の教壇に大きな甕をどうやって持ってくるの？

そこで引っかからずに話を聞いてください。

老教授がその甕に大きな石をいくつか入れていったそうです。一〇個も入らない内に、石が入り口まで達しました。

「この甕は一杯ですか？」

「はい」

とほとんどの学生が答えました。

教授は笑いながら、今度はバケツで小石を持ってきました。コロコロとたくさんの砂利が甕の中に入っていきます。バケツの中の砂利が全部甕に入るとちょうど入り口まで達しました。

「この甕は一杯ですか?」

「はい」

さっきより少ない数の学生が答え、何人かは明らかに違う、という顔をしています。

教授は微笑を絶やさず、今度はバケツで砂を持ってきました。シャーと流れるように砂が甕の中に入っていきます。バケツ一杯では足りず、もう一杯の砂が入りました。

「この甕は一杯ですか?」

「はい」

と答えた学生はもっと少なくなりました。

「そうだね。まだ液体は入るね。片付けが大変だから実際にはやってみないけど、まだ入るものはあることは、もう全員わかったと思う。さて、これからが問題だ。この実験から学べることは何だい?」

教壇の一番前にいた学生が教授から指を差され、代表して答えました。

「人間には限りない底力があることでしょうか。もう全力を出し切った、と思ってもまだまだやれる。もうやりきった、一杯だと諦めてはいけない、という教訓だと思います」

「今の答えはもちろん間違いじゃない。ただ、私が言いたかったのは、それじゃない。大きな石は先に入れないと甕には入らなくなってしまう、ということだよ。時間の使い方に関して、もっと言えば、人生について、学ぶことが多い実験だと思わないかい」

先輩はそこから先はもう何も言いませんでした。結論は自分で考えろ、というわけです。自分にとって、大きな石は何なのか？　自分の夢・目標、家族、生きがい、といったものが先にきて、その後、雑事が来る、というふうにしないと、いつの間にか人生って過ぎてしまっているよ、というたとえとして説得力がある話です。

日常生活においても、目先のことばかりで一日が過ぎてしまうのはよくあること。

「大きな石を先に甕に入れる！」

大変示唆に富んだ言葉です。

Q. あなたにとって「大きな石」は何ですか？

9　ニーズの把握

機内ではどんどん状況が変化していきます。その変化に合わせて、お客さまの要望もさまざまな形に変化してメッセージが送られてきます。ニーズの変化にいち早く気付き、適切に対応できるか？　ニーズの把握には「気付き」が必要です。

ファーストクラスやビジネスクラスでお食事を下げる際、お皿にほとんど手がついていない状態のことがありました。乗務し始めたころの私は何も考えずに黙々と後片付けの作業をしていました。

そんなある時、先輩から「そのお客さまの残したお皿からなにを気付けるか？」と質問されたことがあります。情けないことに、私は何も答えられませんでした。逆に、「先輩は何を聞いているのだろう？」と思ったほどです。あなたならどんなことが想像できますか？

- お食事が口に合わなかった。
- たまたまお嫌いな食材であった。

- 冷めていた、など状態がよくなかった。
- お腹がいっぱいだった。
- 体調不良である。
- ダイエット中。
- 食事よりも早く休息したい。

などが考えられます。

ギャレー（調理場）担当ならお皿しか見えませんが、直接お皿を下げたCAなら、お客さまが発信されるたくさんの小さなメッセージを受け取ることができます。それらのメッセージを合わせて的確にお客さまのニーズに気付き、それを次の行動に繋げていくことが大切です。お客さまの嗜好・状況によって、次の行動内容は千差万別です。

お客さまは「乗務員が言わなくても察してくれる」ということに、深い安心感を持ってくださることでしょう。

Q. 文中の気付き以外に、どんなことが想像できますか？

10 「三変の法則」を超える

「クレーム対応」の世界で「三変の法則」と呼ばれる対応の方法があります。「三変主義」あるいは「苦情三変の原則」などと呼んでいる本やネット情報もあるようです。どれも中身は変わりません。苦情を受ける場合、相手の様子を見ながら、「人」「場所」「時」を変えることで打開策を練るというものです。

私がＣＡとして乗務していたころ（一九八〇年）、マニュアルにその言葉はありませんでした。滞在先で先輩と酒を飲むと昔話をよく聞かせてもらったものですが、その中に、「人を変え、場所を変え、時を変え。順番はどうでもいい」という教えがありました。

たとえばＣＡがミスをして、お客さまが怒っている。当然ミスをしたＣＡ本人が初期対応にあたりますが、それを放置してはいけない。必ず人を変えて謝る。お客さまの怒りが収まっていない場合、人には相性があるので、人を変えて、別のＣＡがお詫びし事情を説明するとすぐケースクローズになることがありました。しかし、すぐにチーフパーサーが行ってはいけません。それで収まらないと機長が出ていくことになってしまいます。チーフパーサーの前に他の

CAが謝り、どうしても解決できない時がチーフパーサーの出番です。場所を変える。機内であれば、ギャレー（調理場）に来ていただくとか、他のクラスに空席があれば、そこも使えるでしょう。元の席の周りに他のお客さまがいた場合、その方々の目がどうしても気になります。振り上げた拳は降ろしにくいものです。場所を変えることによって、落ち着いて対応してもらえることがよくありました。

時を変える。時間を後にする。つまり間を置くことです。お客さまが落ち着かれ、通常の判断をしてくださるようになります。

ある時、先輩から「三変の法則」がうまくいかなかった場合のとっておきの方法を伝授してもらいました。

「中村君。人を変え、場所を変え、時を変えてやってみた。それでもお客さまの怒りが収まらない。許してもらえない。こちらにはもう打つ手がない。そんな時どうする？」

ちょっと間を置き、もったいぶって話を続けました。

「そんな時はね。お客さまに『まことに、まことに至りませんで』と大きな声で言って、一〇秒以上最敬礼をする。それからその場を辞す。お客さまから呼び止められてもそのまま帰る。そして地上係員に引き継ぐ」

「それが『とっておきの方法』ですか？」

ちょっとはぐらかされたような気がしました。それでお客さまは納得されるのか？

「もうそれ以上やることがないんだろう。じゃあ、幕引きをしなきゃ。後でクレームのお客さまから何と言われようが、周りのお客さまは味方してくれるよ。最初から私たちの対応を見てくれていれば、その方々には私たちの誠意が通じてる」

その後の私の経験から断言しますが、その「とっておきの方法」は機能します。それがそのまま役立つという意味ではありません。その存在が大きいのです。

どんな対応でも全体像が見えているとやりやすいものです。

クレーム対応でも、こじれた場合、「三変の法則」に従って、いろいろやってみる。その三つともがダメだった場合は「とっておきの方法」をやると決めておくと、精神的にずいぶん楽になるのです。

実は八〇〇〇時間にも及ぶ乗務員生活で、「とっておきの方法」を試したことは一度もありません。幸いにもそこに至るまでにトラブルはすべて片付きました。しかし、その方法の存在が私を勇気づけてくれていたのは確かです。その意味で間違いなく有効な方法であることを私が保証します。

Q.

クレーム対応に当たって、周りのお客さまに味方になっていただくには、どんなことが大切だと思いますか？

11 頼まれ物忘れ

機内での「頼まれ物忘れ」をどうしたら防げるか、担当部で検討したことがあります。「頼まれ物忘れ」とは、文字通り、お客さまから何かを頼まれたのに、CAが忘れてしまうことです。接客業としてはあってはならないことですが、私にも経験があります。滞在先のホテルに着いてシャワーを浴びている時、お客さまにジュースを頼まれたのに、持って行くのをすっかり忘れていたことを思い出したことがありました。

たいていの場合、対応が遅いとお客さまも他のCAに頼んだりするので大事には至らないのですが、人によっては、ずっと待っていたのにと、ご立腹になられます。

防止策は、当たり前のことですが、その場ですぐ頼まれたことを行うに限ります。「少々お待ち下さい」という表現は基本的に使わない。「はい、すぐお持ちします」と言うことにしました。

しかし残念ながら、常にすぐ行動に移せるとは限りません。たとえば、食事サービスの真っ最中に手元のミールカートには載せていないコーラを頼まれても、すぐにお出しすることはできません。作業手順の問題もあるし、何台か配膳用のミールカートが客室に出ていると、ミールカート同士は通路幅の都合ですれ違うことができないためギャレー（調理場）に戻ることはできないからです。

次の手は、記憶を鮮明にすることです。そのためには、お客さまの顔と座席番号を再確認して、脳裏に刻み付けます。ギャレーに戻る際、客室で頼まれたことを思い出す習慣をつける、などです。

いろいろ検討しましたが、決定打はありません。結局のところ、その時は平凡な結論ながら、必ずメモすることに落ち着きました。

その後、乗務で驚くべき記憶力のチーフパーサーに出会いました。三二名のファーストクラスのお客さまのお名前を機内サービスが始まってしばらくの間に覚えているのです。同じキャビン（客室）で働くＣＡももちろんお客さまのお名前を覚える努力はします。しかし、つい名前入りのシートチャート（座席表）に頼りがちでした。

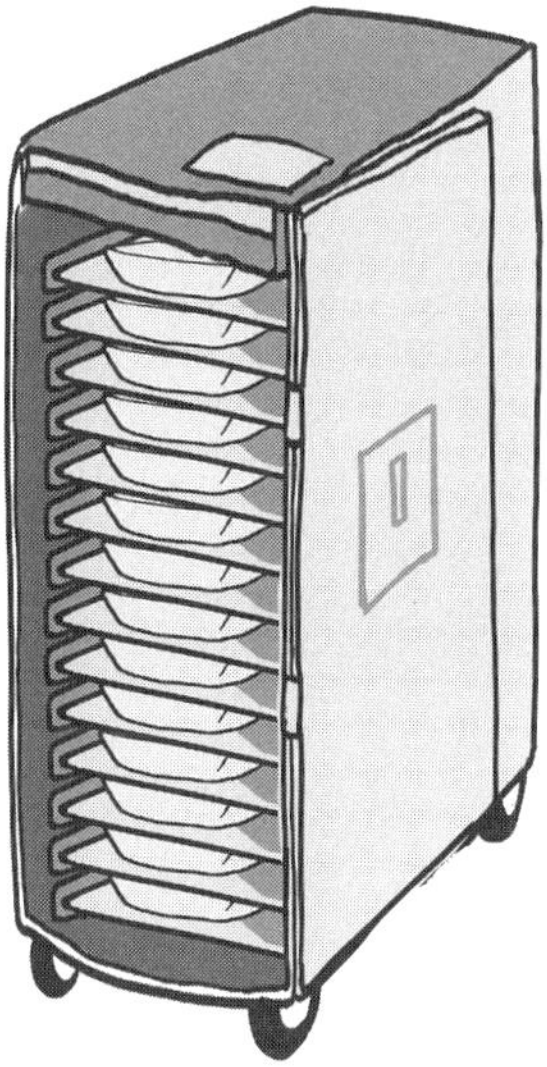

サービス後、そのチーフパーサーに名前の覚え方をたずねると同時に、私が「頼まれ物忘れ」の対策を探していると伝えました。

「『頼まれ物忘れ』については、意欲と訓練だろうね。メモは便利だが、そのメモの存在すら忘れることがある。頼まれた時のお客さまの表情、声、周りの状況などすべてに集中してインプットする。そのインプットの刻み方が深ければ深いほど忘れない。そういうサービスをしたいと決意し、毎回のフライトで実行していく。つまりある種の訓練を続ける。一定期間続けると完全に身に着くよ」

背筋を伸ばして拝聴しました。その業務姿勢は「頼まれ物忘れ」だけではなく、すべてに通じています。

Q. インプットを深めるために、どんな工夫や訓練があると思いますか?

第2章のおわりに

この章では、CS（顧客満足）の視点を念頭に置きながら、お客さまに満足していただけるサービスを行えるよう成長を目指した時期のエピソードを「先輩からの教え」としてまとめました。

大阪基地でCS担当になった年のお正月（一九九二年一月一日）に、私の元同僚であるKさんという女性からいただいた年賀状を今でも大切に保存しています。

謹賀新年

昨年秋ロンドンの街を友人と車椅子で歩いてみました。「車椅子の人がバスに乗るのを見た」と言い張る友人の言葉に励まされ、バス停に行ったものの、どのバスもとても車椅子で乗れそうもありません。『やっぱり無理かな』と思いかけたところにバスの運転手さんが「乗るかい？」と声を掛けてきました。「乗りたいけど、車椅子じゃ乗れない」と答える間もなく、バスに乗っていた男性客数名が降りてきて、私を抱え上げ、あっという間にバスに乗せてくれました。

病気が進み乗れなくなった『普通のバス』。十数年ぶりにバスのこの高さから見る風景は新鮮で、街の鼓動が伝わってくるようでした。車に乗れば傍観者ですが、バスには自分もその街の風景となって溶け込んでしまうような一体感があります。その後何度かバスに挑戦しましたが、いつも沢山の人が気軽に援助してくれました。六〇年代風のヒッピー青年や中学生くらいのトサカ頭のパンク少年も含めて……。

帰りのヒースロー空港で、手違いから車椅子が届かず、私の代わりに憤慨してくれたインド人のポーターのおじさんはガンとして規定料金の5ポンドを受け取ろうとしませんでした。

「？」

「アンタはもう人生で十分代償を払っているさ」

昨年はお世話になりました。今年も皆様にとって味わい深いと思える日々で満たされますよう。

この年賀状が書かれてから、もう四半世紀の歳月が流れています。「ヒッピー青年」や「パンク少年」については説明が必要かもしれません。

彼女をバスに乗せる行為を「サービス」とは呼びませんが、年賀状に描かれているくらい自然にサービスの現場で行動できるようになっていたいものです。その上でもっと満足していただける方法を考える、CSを踏まえてそれを「感動のサービス」にまで高める、そこにホスピタリティが登場してきます。

いよいよ次章では、そのホスピタリティに正面から取り組むエピソードを見てみましょう。

第3章

ホスピタリティ

皆さんへの言葉

1　ホスピタリティとは？

大学の授業で行われる講義「ホスピタリティ論」では、始めにホスピタリティの定義を学びます。日本のホスピタリティ研究の第一人者ともいうべき著名な教授が書いた「ホスピタリティ」の定義。

人類が生命の尊厳を前提とした創造的進化を遂げるための、個々の共同体もしくは国家の枠を超えた広い社会における多元的共創関係を成立させる相互容認、相互理解、相互信頼、相互扶助、相互発展の六つの相互性の原理を基盤とした基本的社会倫理である

（服部勝人『ホスピタリティ・マネジメント』一九九六年、丸善）

ご著書にこう記されているのですが、この意味をすぐに理解できる日本人はそれほど多くはないことでしょう。言うまでもなく、「定義」は非常に大切です。

「よいサービス」を実現するホスピタリティとは何かを考えるための身近な例を挙げましょう。

私が乗務を始めたころ（一九七九年）はちょうど機内サービスの転換期とも言うべき時期でした。

私たちより前の世代のCAはスピードを何より重視しました。「満席のエコノミークラスのランチを一時間半で終えた」と言えば、それがそのまま無条件に自慢になりました。早く終わるというのは手際が良いことであり、お客さまを待たせない「よいサービス」でした。機内サービスに慣れてないお客さまに対して、CA側が積極的にサービスをお勧めしていくのが喜ばれてきたのでしょう。

しかし旅慣れたお客さまが増え、機内のエンターテイメントも充実してくると、サービスが早く進むことよりも、お客さま一人ひとりのニーズを伺いながら、丁寧にサービスを進める考え方が主流となっていきました。当時私たちは訓練部でその観点から指導を受けました。

出発前のCAブリーフィングでは、最後に司会役のパーサーが、「じゃあ、今日も皆でよいサービスをしましょう」とブリーフィングをしめて、飛行機に向かいます。「よいサービス」に異存があるわけがありません。

ベルトサインが消えて、さあ機内サービスが始まります。

パーサーの担当する通路はどんどんサービスが進んでいきます。おしぼりのサービスが終わるやいなや、すぐリカーカートと呼ばれる、飲み物を提供するための移動式の箱が登場し、スピーディーにお客さまに飲み物を提供していきます。

私の担当する通路といえば、お客さま個々とお話ししながらお飲み物を提供しているためか、いつの間にか一〇列近く差がついてしまいました。

これは「よいサービス」のイメージがパーサーと私とでは違っているからです。つまり「よいサービス」の定義が確認されておらず、二人ともがそれぞれの「よいサービス」を実践していたのでした。

学問の世界で誰からの指摘にも答えられるように「ホスピタリティ」という言葉の概念・内容をつきつめて深めていくと、冒頭のホスピタリティの定義のような表現にたどり着きます。ですから、その定義が必要な場所もあります。しかしサービスの現場ではありません。

私が見聞した中で一番すんなり理解できた定義は、ホスピタリティに関するご著書も多い元リッツ・カールトン日本支社長の高野登さんが、講演でおっしゃっていた、リッツ・カールトンにおけるホスピタリティの定義です。高野さんはこうおっしゃいました。

相手の心に自分の心を寄り添わせて、相手の立場になって対話をする姿勢そのもの

（高野登『リッツ・カールトン　至高のホスピタリティ』角川書店、二〇一三年）

サービスの現場にいた者であれば、すんなり理解できるすばらしい表現です。私はこの講演以降、ホスピタリティという言葉が出てくると、頭の中でこの定義を当てはめて内容を考えるようになりました。理解が進むと思います。

しかしサービス業務未経験の学生向けにはもう少し具体的な言い方を考えてみました。

相手の気持ちを察して、自分の置かれている状況の中でベストの行動をしようとする姿勢

この章では、サービス向上から一歩進んだ「感動のサービス」を提供するために試行錯誤したエピソードを「皆さんへの言葉」としてまとめました。皆さんそれぞれにあるホスピタリティ・マインドが刺激されることを願っています。

2　トイレの落とし物

今でも機内のトイレでモノを落とされるお客さまは多いかもしれません。床にそのまま落ちればよいのですが、便器の中に落ちると大変です。今の機材では取り出しようがありません。バキューム方式といって、飛行機の後部にタンクがあり、汚物は各トイレから管を通って一カ所に集められるようになっています。流すと轟音とともに汚物が吸い込まれていきます。何らかの原因でその仕組みが故障してしまうとそのトイレは使えません。CAとしては物理的に汚物がつまってるわけではないので、直しようがないのです。家庭のトイレとは全く違うシステムです。

私が乗務し始めたころ（一九八〇年代）の飛行機のトイレは、当時最新鋭のボーイング747（ジャンボジェット）でも機内にある一〇カ所以上のトイレは今とは違い、各トイレごとに、またトイレ二カ所ごとに一つ、汚物用のタンクが便器のすぐ下にあり、溜めておくシステムでした。

成田発アテネ行きの便でのことです。ハネムーン中の男性から「革の財布をトイレに落としてしまった」とお申し出がありました。機材はDC8。成田からアテネまで、バンコク（タイ）、カラチ（パキスタン）などを経由して運航していました。そのお申し出は、バンコクからカラチの間で、ランチのサービスが終わったばかりの時でした。

幸い溜め込み式のタンクですから財布がなくなることはありません。次の寄港地であるカラチで、タンクの汚水の交換をするので、その時に取り出してもらえるはずです。当時カラチ空港では待合室の関係からか、乗り継ぎのお客さまは機外に出ず、降りるお客さまを見送り、新たにカラチから乗ってこられるお客さまを迎えていました。機内清掃の作業の時間内でお客さま立ち合いのもと、タンクからの取り出し作業ができます。

ご主人にそう説明しても、不安の様子は隠せません。

「皆さんも作業に立ち会ってくれますか？」

「申し訳ありません。私たちはカラチで乗員交代いたしますので、着き次第飛行機から降りなければいけません。ただすぐ次の乗務員が来ますし、きちんと引き継ぎます」

「でも……」

お客さまによると、財布の中には現金約五万円の他、クレジットカード二種類と運転免許証などが入っているとのこと。現金はともかく、クレジットカードがないと、旅行が続けられません。たとえ、トイレの中に確かにあると言われても、初めての、始まったばかりの海外旅行がトラブルのために意気消沈してしまっています。食事の時、あんなに楽しそうにお話していたカップルが会話もなく、途方に暮れた表情で黙って前方を眺めているのは見ていられませんでした。事情が分かっている私たちがカラチでいなくなるのはお客さまにとっては不安なのでしょう。

今やるしかない、と思いました。

DC8のトイレタンクは、約一メートル四方。深さは五〇センチメートルほどです。肘くらいまで腕を中につっこめば取れるでしょう。しかし素手でというわけにはいきません。ギャレー（調理場）備え付けのゴミ箱が一杯になった時に使う紙のゴミ袋が機内にはたくさん搭載されていました。大きさはスーパーの買い物袋よりもっと大きいくらいです。そしてそのゴミ袋を補強するために、紙のすぐ内側にビニール袋が付いています。それが使えます。はがしとり、三枚重ねにして、その中に腕を通しました。

心配そうなカップルとCAの視線の中、一人でトイレに入り、そろりと汚水に手を入れます。意外に早く財布を探し当てました。開始後五分もかからなかったでしょう。しっかり手につかんだことを確認して、腕を元にもどしました。

トイレで簡単に水洗いし、機内販売のビニール袋に入れて、お渡ししたのですが、その時のご主人の表情！　お客さまからあれほど嬉しそうに御礼を言われたのは初めてでした。それからカラチに着くまで、すっかり元の幸せなハネムーンカップルに戻ったお二人にサービスするのは、私達ＣＡにとっても本当に嬉しいことでした。

カラチ空港到着後、カラチまでのお客さまが降機され、忘れ物チェックが終わると、私達もタラップを降りて、乗員用のバスに乗らなければいけません。

ハネムーンのお二人は席を立って、一番前の入り口まで私達を見送りに来てくださいました。

「ありがとうございました。おかげで安心してアテネまで行けます」

「楽しいハネムーンになりますように！　お幸せに！」

バスの扉が閉まり動き出してからも、タラップの上からずっと手を振るお二人の姿が見えました。

Q.

物を落としたり、忘れたりした経験はありますか？
それにまつわる思い出はありますか？

3 暗証番号

それはサンフランシスコ便の機内で起こりました。

私はファーストクラスのギャレー（調理場）担当で、一回目の食事サービスを終え、二回目の朝食サービスの準備を早めにしようとしていました。

エコノミークラス担当のＣＡが中年女性と一緒にギャレーにやってきました。

「中村さん、すみません。このバッグのカギを壊していただきたいんですけど」

ブランドには詳しくない私も見たことがあるロゴが大きくプリントされた旅行用のバッグでした。四ケタの番号をお客さまが忘れてしまったのだそうです。それにしても、すぐカギを壊すとは乱暴な。

「四ケタなら０００００から９９９９まで一万回トライすればいいだけでしょう。まだサンフランシスコまでは時間がある。やってみたら」

「もうやったんです。お客さまの心当たりの番号を試し、どの番号でも開かなかったので、私００００からやってみました。でも開きませんでした。カギ自体が壊れているのかもしれません」

お客さまは私達の会話をすまなさそうに聞いていました。

革に跡がつかないようにできても、金属部分にはやはり傷がつきます。新品のように見えるだけにもったいない。

試しに私の誕生日の数字を入れてみました。もちろん開くわけはありません。

番号が合うとカパッとストッパーがポップアップするタイプのカギかと思っていました。よく見るとそうではなく、一回一回ストッパーのロックを確認しなければいけません。そのCAに尋ねました。

「これって、一回ごとにこのロックを押してみた？」

「ええっ！　押さなきゃいけないんですか？　数字を回転させただけです」

「じゃあ、やり直しだ」

お客さまに、家族の誕生日、結婚記念日など、思いつく四ケタの番号を言ってもらい、試しました。ダメです。とうとうまたローラー作戦を試すしかありません。ただ運がよければ、早めに開くことも十分考えられます。0000から始めるか、9999から下がっていくか？思い付きで、まず5000から上がっていくことにしました。5000プッシュ、5001プッシュ。黙々と続けていきます。お客さまが何度も「もう結構ですから」と言ってくださるのですが、ここまで来たら引けません。

6000になりました。せめて9999までの数字であってほしい。まだまだ残りはたくさんだ、と思いながら回転させて、6666まで来ました。プッシュ。ガチャ！　小さな音とともにストッパーが上がりました。あまりに突然開いたので、拍子抜けしました。

お客さまを見ると、涙していらっしゃいます。

「ありがとうございました。ごめんなさい。なぜ6666なのか、今でも分かりません。でも本当にありがとうございました。ここまでしてくださるなんて。本当にありがとうございました！」

お客さまとCAがギャレーから出ていくと、外側で様子を見ていたチーフパーサーがペーパーカップを突き出して言いました。

「中村君、お疲れさま！　よくやった。まあ一杯！」

中を覗くとシャンパンです。

「えーっ、いいんですか」

よく冷えていて、うまい、と思った瞬間、吹き出しそうになりました。甘い！

「これは⁉」

「ジンジャエールだよ。サンフランシスコに着いたら、ごくろうさん会をやろう。お疲れさま！」

機内で飲酒はご法度です。サンフランシスコで皆と飲んだシャンペンのおいしかったこと。お客さまの涙声の謝辞が快く耳に残っていました。

Q. カバンに限らず、「暗証番号」を忘れて困った経験はありますか?

4　子ども用マジック

日本航空にはずっと「JALファミリーサービス」と呼ばれる特別なサービスがあります。ホームページによると「海外赴任、帰任時、赴任中のご家族を訪問される際に、ご渡航をきめ細かくサポートするJALならではのサービスです」との案内があります。お子様連れの若いお母様のケースがほとんどでした。

フライトによってはファミリーサービスを利用されるご家族が一便で何組もいました。男性CAはその担当になりませんし、特に上位職になってからは、その担当を決める側でしたので、実際にご家族のお世話をしたことはありません。ただいつも何かお手伝いできることはないかと考えていました。

男性CAの後輩と羽田空港の居酒屋で情報交換している時、彼の趣味がマジックだと知り、簡単なテーブルマジックを見せてもらいました。丸めた紙屑が両手の間を行ったり来たりするマジック。人差し指と中指にまたがっていたゴムバンドが目の前でアッという間に中指と薬指に移り、すぐさま薬指と小指に移るマジック。不思議です。面白いし、お子さんの喜ぶ顔が目に見えるようです。

さっそく教えてもらいました。しかし、手先が不器用なのか、彼のようにうまくはいきません。後は練習あるのみです。家に帰ってから、妻の前で何度も何度もやってみました。

次のフライトでさっそく出番がやってきました。

シカゴ行きのフライトはもともとファミリーサービスの利用者が多い便でした。その日も八組のご家族がいます。担当のCAを割り振ったものの、食事の後のお世話で皆てんてこまいでした。

あるご家族はお母様、赤ちゃんの他に、幼稚園児と思われる女の子と小学校低学年の男の子の四人でのご旅行でした。お母様が赤ちゃんの世話をしている間、担当CAが男の子と女の子の相手をしているのですが、男の子が退屈そうで、通路を歩き出してしまいました。

それを見つけた私はそれまで話をしていたファミリーサービスではないアメリカ人の男の子と通路を歩き出した彼をギャレー（調理場）に連れて行き、さっそく練習を重ねたマジックを披露しました。マジックに言葉は要りません。日英で簡単なトークをいれるものの、後は見せるだけ。最初はぼんやり見ていた二人の顔つきが変わりました。

「もう一回！」「One more time!」

日英で同時にアンコールが掛かりました。

目を輝かせて注視してくれる二人の観客を前に同じマジックを繰り返します。同じネタなのに、一回目以上の受けようで、二人は大喜びです。言葉の壁を超えて、お互い手を取り合って、面白がってくれています。まさにマジックな力が発揮された国際交流でした。

その後もせがまれ、結局同じネタを四回も繰り返してしまいました。最後までタネはばれず、大成功のうちに終了。興奮の面持ちで報告する子どもの姿を見て、お母様から感謝の言葉がありました。

それに味を占め、ファミリーサービスのご家族がいるとその中に観客がいないか探すようになりました。お子さんの場合は反応が直接返ってくるだけに、やりがいがあります。機内サービスにマジックが加わることによって、子どもたちの機内での思い出が増えるとすれば、これほど嬉しいことはありません。私にとってマジカルなサービス向上施策となりました。

Q. 子どもが喜ぶような「ネタ」を持っていますか?

5　おばあちゃんへの手紙

昔、先輩から聞いた「ちょっといい話」。もう四〇年くらい前の話です。

国内線の東京発千歳（札幌）行きの飛行機に「ちびっこＶＩＰ」（お子様一人旅／当時の名称）の男の子が乗ってきました。親御さんの躾がちゃんとしているのでしょう。乗ってきた時からきちんと挨拶をし、何かサービスされると、笑顔で御礼を言います。お話も上手です。ＣＡのみんなが感心してしまうほどでした。

話を聞くと、札幌のおばあちゃんの家へ遊びに行くと言います。

機内でお子様に普通に配るおもちゃはあげたものの、もっと何かしてあげたくなったＣＡの一人が、ご家族へ手紙を書いて、男の子に手渡しました。

〇〇ちゃんのお家のみなさんへ

〇〇ちゃんは機内でとてもいい子でした。お行儀一〇〇点満点です。ご家庭でのきちんとした躾ぶりが偲ばれます。みんな感心してしまいました。

×××便客室乗務員一同

後日、その男の子のお母様から、乗員部へ手紙が届きました。思いがけない内容でした。

その昔、ご両親は北海道から駆け落ちをして上京しました。未だにおばあさまの怒りは解けず、嫁とは認められていません。ただ、さすがに孫は可愛く、やっと孫だけが行き来できるようになりました。

今回、おばあさまがＣＡからの手紙を読み、孫を褒められた嬉しさから、ちゃんと孫を教育している嫁を許すことにした、とのこと。

そのきっかけを作ってくれたＣＡへの礼状でした。

複雑な家庭の事情など知るはずもないＣＡでしたが、その子のために何かしてあげたいという優しい気持ちが、家族の和解という、思いもかけぬ結果を生んだのです。

同じ飛行機に乗り合わせる、ということは、人生を共有することであり、大きな転機にもなりうるという証明でした。

当時はホスピタリティという言葉はありませんでしたが、まさにＣＡのホスピタリティ・マインドの発揮が、その男の子とご家族の人生を変えたのです。

Q. そのおばあさまはなぜお嫁さんを許すことにしたのでしょうか?

6 機長のアナウンス

私がパーサーに昇格したばかりのことです（一九八五年）。パーサーとは客室の最高責任者であるチーフパーサーを補佐する立場で、各コンパートメント（客室区画）に一人ずついるアシスタントパーサーをまとめて、チーフパーサーとのパイプ役を果たしていました。

フライトが成田空港を出発するにあたり、お客さまが全員ご搭乗になり、ドアが閉まって、チーフパーサーが歓迎のアナウンスをします。引き続き、非常用設備案内ビデオ（Safety Video）を上映しているうち、飛行機は動き出しました。通常成田空港では、飛行機がゲートを離れてから、滑走路の端まで行くのに一〇分以上かかります。

ほんの二、三分経った時でしょうか、機内のチャイムが中途半端な鳴り方をしました。チャイムの鳴らし方で機内のいくつかの合図があるのですが、離陸前はチャイムが二回連続で鳴ると、離陸直前のアナウンスをすることになっています。慌てた新人のアナウンス担当が、その合図かと勘違いして、アナウンスをしてしまいました。

「皆さま、この飛行機はまもなく離陸いたします。シートベルトをもう一度お確かめください」
「Ladies and Gentlemen, we are taking off in a few seconds. Please make sure that your seatbelt is fastened tight and low.」

そんなはずはない、と窓の外を見てみます。まだ空港ターミナルが近くに見えます。すぐ離陸するはずはありません。

訂正のアナウンスを入れるべきです。誰が？ アナウンス担当がすべきですが、彼女は新人で自分が間違ったことに気付いていないでしょう。それをカバーすべきは、アシスタントパーサーか、チーフパーサーか、それともパーサーの私か？ 誰でもよいのですが、困ったのはどうカバーするかです。先ほどのアナウンスは間違っていました。それは訂正できます。問題はその後をどう言うのか？ 客室では状況がわかりません。

それで皆躊躇していたのでしょう。しかしこのままではまずい。私がアナウンスしようとマイクを持ったその時です。コックピットから機長のアナウンスが流れました。

「この便の機長のYでございます。ただ今、私共の連絡ミスにより、客室乗務員が離陸前のアナウンスをいたしましたが、まだ飛行機はターミナルを少し離れたところで滑走路に向かっております。成田空港はこの時間出発便、到着便で大変混雑しておりまして、離陸まであと一五分ほどかかる見込みでございます。離陸前には改めてアナウンスいたしますので、今しばらくお待ちください。本日のご搭乗、まことにありがとうございます。
Ladies and Gentlemen, ……」

こんなにすばらしい機長のアナウンスは聞いたことがありませんでした。

普段でも機長のアナウンスは奨励されていました。同じ遅延のアナウンスをするにしても、CAがするのと機長がするのとではお客さまへの説得力が違います。しかし残念ながら、当時はアナウンスを苦手とする機長が多く、最低限のアナウンスしかなさらない方が大多数でした。

そんな中、率先して状況説明のアナウンスをしてくれるのみならず、内容にも「私共の連絡ミスにより」と一方的にCAのミスにしない心配りが表れています。

規則上、一つのフライトの運航乗務員・客室乗務員は機長が総責任者であり、心を合わせて安全運航に専念するとなっていますが、まさに機長とCAの心が合った感謝の瞬間でした。

今でも忘れられない機長のアナウンスの一つです。

Q. このエピソードとホスピタリティとはどんな関係があるのでしょうか?

Column 異文化のもとでのホスピタリティ④ がんばりなさい

これはフランクフルト基地訓練生の話です（一九八九年）。

モックアップの授業で訓練生が泣き出してしまうことは、日本人・外国人を問わずよくあります。泣くのは日本人・ドイツ人同じでも、指導方法は異なります。

ある日のファーストクラス食事サービスの授業でのこと。

外国人訓練生の授業は、基本的には英語で行われます。しかし、訓練も後半に入ってくると、彼女たちの日本語力アップも兼ねて、特にモックアップ授業（実物大模型を使用する授業）の中では、接客の日本語を使わせなければなりません。

その日の授業では、おしぼりサービスからメインディッシュ配膳までを日本語でやってみるように伝えました。そして、飲み物サービスの途中、突然訓練生Aが泣き出して、ギャレー（調理場）へ駈け込んでしまったのです。

「どうしたの？」

「私にはできません。私にはできないんです。日本語で全部なんて覚えていません。お客さまが何を頼んでいるのかもわかりません。私がここで教官から求められている日本語のレベルと私の現在のレベルとの落差が私を泣かせるのです」（直訳）

泣きじゃくりながら私に訴えます。

日本人は自分でも訳がわからず泣いてしまうこともありますが、さすがドイツ人は、泣く時も論理的。きちんと分析ができています。

日本人であれば、

「そんなことないよ。今までのところ、なかなかよくできている。もうちょっとだ。がんばりなさい」

と励ましてやれば、立ち直れます。

　これを英語で言うとすると、どうなるでしょうか？　問題は「がんばりなさい」です。普通、辞書には「Do one's best」（ベストを尽くしなさい）と書いてあり、間違いではありませんが、このケースでは使えません。なぜなら、彼女は自分のベストを尽くしても日本語ではサービスできない、と泣いているのですから。論理的に泣いている人に対しては、論理的に指導しなければいけません。

「Aさん、あなたの理解は間違っています。私たちは、あなたが日本語ですべてサービスができるとは想定していません。あなたの日本語レベルは把握しています。ですから、あなたのできる範囲で、すでに教わった日本語を使い、できない時は教官に尋ねればよいのです。日本語の練習の場なのです。わかりますか？」

　これでもう大丈夫です。彼女は気を取り直して、キャビン（客室）に戻って行きました。

　相手の気持ちを察して、ベストの行動をする姿勢。このホスピタリティはサービスでも訓練における指導でも変わりません。

7 第ゼロ印象

サービスの世界で、第一印象の重要性は言うまでもありません。英語には、“The first impression is the last impression.”という表現があります。翻訳するまでもないでしょう。「第一印象は最後の印象」とは、それくらいに第一印象が最後まで影響するということです。

機内サービスでは、お客さまと初めて出会うのは飛行機の搭乗口ですから、ご挨拶、表情、態度と最大限の注意を払います。しかし、しばしば第一印象以前にお客さまに評価されてしまうことがあるのです。それを第一印象の前だから「第ゼロ印象」と私は呼んでいました。誰に聞いたのでもなく、どこかで読んだ記憶もないので、私の造語のつもりでしたが、ネットを調べるともう「第ゼロ印象の重要さ」が語られています。誰の命名でしょうか？

それはともかく、私がアシスタントパーサーとして乗務していたころ（一九八三年）、オーストラリアのシドニーには二泊滞在できたので、着いて二日目にCA仲間でゴルフに行ったことがあります。当時滞在していたホテルから車で一〇分もかからない街中に一八ホールの立派なゴルフ場がありました。パブリック・コースでクラブをレンタルしても、日本とは比較にならないくらいに安くプレイできました。しかも平日の朝であれば、それほど混んでいないのも魅力でした。

私たちが申し込みを済ませて、一番ホールのティーグランド前で順番を待っていると、家族と思われる日本人四人がやってきました。ご両親と高校生か大学生くらいの男女です。英語があまりお得意でないのか、カウンター前で時間がかかっていました。後には地元の人らしい老人が二組待っています。

「ちょっと様子を見てきましょう」

同じゴルフ場に来たのも何かのご縁です。スタート前にまだ二組いますから、時間はありました。

「どうかなさいましたか？」

「あっ、日本の方ですか？　ここでゴルフをしたいのですが、申し込み方がわからなくて、困っています」

息子さんが一所懸命英語をしゃべっていて、それは通じていたのですが、受付の女性がしゃべるオーストラリア英語（オージーイングリッシュ）が理解できないようでした。オーストラリア英語の発音はちょっとクセがあって、有名なところでは、A（エイ）を〝アイ〟と発音するのです。たとえば、day（デイ）が〝ダイ〟に、name（ネイム）が〝ナイム〟になります。慣れるまでは戸惑うでしょう。

お手伝いして何とか受付が済み、大変感謝されました。プレイ後、クラブハウスでも一緒になり、お父様がわざわざこちらのテーブルに来て、感謝の言葉を述べられました。

そのご家族が翌日の私たちの便に乗ってこられたのです。搭乗口で「あっ、ゴルフ場の！」とお客さまから握手を求められました。機内でも食事後の時間にギャレー（調理場）まで来られ、ゴルフ談義に花が咲きました。これはいわば搭乗以前によい印象を持っていただいた好例です。

逆のケース。

海外の空港でよく見かけるのですが、到着の飛行機が遅れて、CAが出発ゲート近くで待機することがあります。往々にして、出発ブリーフィングもそこで行わざるをえません。

出発ロビーにいるお客さまはその飛行機に乗るのがわかっているはずなのに、CAがそれを意識していないとしか思われない航空会社を見ることがあります。

大声で私語をする。暗い表情で考え事をしている。座っている姿勢がだらしない。などなど。

そこはまさに第一印象の前、第ゼロ印象とでも言うべき大事な出会いの場です。お客さまの目を意識することが絶対に必要です。そこで刻まれた印象は、その後の搭乗口で、どんな笑顔でお客さまをお迎えしようが、もう取り返しがつきません。第一印象の重要性は、オフィスを出て、お客さまの目が届くところからもう始まっています。

Q. あなたは「見られている意識」を持っていますか？

8 ワインのラベル

客室において一機の長であるチーフパーサーに昇格した時（一九九一年）、最初に思ったのは、「これで自分の思ったサービスができる」ということでした。これまでのパーサー時代は上にチーフパーサーがいるので、スタンダードなサービス以外、何かやる時には原則チーフパーサーの許可がいります。実際にはいちいち相談しないとしても、ルール上はそうなっていることは常に頭にありました。

チーフパーサーになると、いろいろな提案・報告がパーサーから上がってきます。それを適切に判断していく中で、グループとしていかにその日のフライトでお客さまの満足度を最大限に高めるかを考えていく必要がありました。

チーフパーサーは飛行機の一番前に乗っていて、そのフライトの最上位クラスを担当します。最も多彩なサービスが可能なファーストクラスで行うことができる自分らしいサービスとは何だろう？

私はチーフパーサーになる前年の秋にソムリエ試験に合格しました。ソムリエとしてお客さまに何ができるだろうと考えた時、プロらしいワインサービスと会話であることは言うまでもありません。それ以外に、何かないだろうか？　それで思いついたのが、お客さまにそのフライトでお飲みいただいたワインのラベルを差し上げることでした。

ソムリエ試験の勉強をしていたころ、有楽町にある高級フレンチレストランへ勉強仲間三人とランチに行ったことがあります。頼んだワインについてあれこれしゃべっていたのをソムリエが聞いていたのでしょう。帰る時に、飲んだシャンペン、白ワイン、赤ワインのラベルを用意してくれて、「これ、もしかしたら勉強のお役に立つかもしれません。ソムリエ試験、がんばってください！」と渡してくれました。皆どんなに感激したことか。

お客さまが実際に召し上がったワインのラベルを到着前に準備しておくことは時間的に無理があるので、事前に作っておきます。

機内で使用したワインのボトルを食後もずっとバケツで水に漬けておき、到着前にラベルをはがします。家に持ち帰り、十分乾かした後、機内の絵葉書に貼りつけ、これで準備完了。機内の業務用ファイルに全種類のワインのラベルが用意できました。

ファーストクラスの食事サービスが終わり、一段落したら、それぞれのお客さまがお飲みになったワインを一種類だけ選び、お客さまのお名前、便名、日付、飛行区間に加えて、搭乗の御礼、ファーストクラス担当ＣＡの氏名をハガキの余白に書き添えます。

ファーストクラスの場合、到着前に全員のお客さま一人ひとりにご挨拶しますので、その際、

「お飲みいただいたワインのラベルでございます」と手渡しました。

「それはありがとう！　いい記念になる！」と大変喜んでくださる方もいれば、「アッ、そう」と受け取る方。中には「結構です」とおっしゃる方も。いったん受け取ってくださっても、降機後、忘れ物チェックをしていると、座席に残置した方もいらっしゃいました。

当然です。お客さま全員がワインをお好きなわけではないし、ラベルに絶対的な価値があるわけでもありません。しかし不快な思いをしたお客さまはいないはずです。

準備に手間暇かけると、そのサービスが喜ばれる嬉しさよりも、期待した反応を得られないガッカリ感の方が強くなることもあります。ただの自己満足のサービスなのではないか？との不安感も出てきます。

そのサービスが成功したかどうかはお客さまが決められます。しかし失敗でない限り、成功、つまりお客さまの喜びに目を向けましょう。そして、いいと思ったことはとにかくト

ライしてみましょう。

どんなフライトでもトライできるわけではありません。時間があるかどうか、空席があるかどうか、タイミングが合うかどうか。できる時はやってみましょう。大事なのは常にトライする気持ちを持ち続けていること。やっとトライできた時とお客さまのウォンツやニーズがうまく合致した時、お客さまはそのサービスに感動してくださることでしょう。別の言葉で言うと、お客さまの琴線に触れるサービスとなるでしょう。

その「感動のサービス」を目指して、常に何ができるかを考えておく。できる時を狙っている。可能ならすぐ実行に移す。その業務姿勢が一番大切だと思います。

Q. これまでに自分が受けた「感動のサービス」はどのようなものでしたか?

Column　異文化のもとでのホスピタリティ⑤　写真代

その当時（一九八九年）、訓練部の総務課に写真が趣味の社員がいて、暇をみては訓練中の写真をたくさん撮ってくれました。訓練生は自分では撮れませんから非常に感謝されていました。訓練半ばに写真代を実費で支払うにあたり、一枚二七円で、クラス単位でまとめていました。各人が自分の金額を持ち寄ると、たとえば、クラス全体で二七〇〇円ちょうどだったとしても、一円玉・五円玉・一〇円玉などが混ざったいわゆるジャラ銭の状態になります。

日本人訓練生の場合、その日の当番か、とにかく支払い担当がそれを両替して、二七〇〇円であれば、千円札二枚、五〇〇円玉一枚、一〇〇円玉二枚にして、袋に入れ、お渡しすべきと、教官は指導していました。商売ならともかく、好意でやっていただいている方への礼儀だと思うからです。

私のドイツ人訓練生のクラスでも写真代が集まりました。当然ジャラ銭です。

ドイツ人に日本人訓練生と同じ指導は通じるのでしょうか？　ドイツ人は合理的に「お金はお金」と割り切るのでしょうか？

ホームルームで、私は「こうすべき」というのではなく、事例紹介として、「日本人訓練生には教官はこう指導する。ドイツ人の皆さんはどう考えるか？」と問いかけてみました。

結果はちょうど半々。

半分の訓練生は、

「言われてみれば、ジャラ銭でない方がよい」

「ドイツでも同じ考え方をする」

「その方が感謝の気持ちが伝わる」

と言い、残り半分は、

「お金に変わりはない」

「両替が必要とは思わない」

と否定的でした。


もともと強制するつもりではなかったのですが、結果的に私のクラスも両替して、写真代をお渡しすることになりました。

察する相手の気持ちを理解できるかどうかの違いはあっても、察する姿勢の大切さはホスピタリティと相通じるところがあるのでしょう。

9　旅館の女将の名言

京都で老舗旅館の女将の話を聞く機会がありました。日本の政財界の要人から国賓、芸能人まであらゆるVIPの接遇をしてきたその女性は、六八歳。顔のしわは年を感じさせるものの、立ち姿は背筋がピシッと伸び、動作もきびきびしていらっしゃいます。

自分の長い経験から、「おもてなしの心」の重要性を二〇分間語り、続けての一〇分間は「笑顔の大切さ」を実演しながら話してくださいました。CAの仕事にも通じる内容ばかりです。

その後、自分が出会った有名人とのエピソードを、よい話は実名入りで、首を傾げる話は匿名で面白可笑しく話してくれました。

その道一筋の人が持つ、含蓄ある言葉の数々に、メモ帳が書き切れなくなるほどでした。用意していた話が終わり、残り一〇分が質疑応答に当てられます。たくさんの手が挙がりました。

「一番印象に残っているお客さまは誰ですか?」

「どんな健康法をしていらっしゃいますか？　お元気の秘密を教えてください」

「サービス業に向いているのはどんな性格ですか？」などなど。

司会者が「あと一問」と言った後で、やっと私を指してくれました。

「サービスに当たって、モットーのようなもの、大事にしている言葉があれば、教えてください」

彼女は真面目な顔をして答えました。

「三つあります。

一つ目は、『誠心誠意』。

接遇にあたり、これ以上大事な心構えはありません。仕事だからではなく、自分の生き方として、まごころを込めてお客さまのために働く。打算的な考えが入る隙間も与えない。サービスの極意の言葉だと思います。

二つ目は、『臨機応変』。

お客さまのためを思っても、それを行動に移せなければ何にもなりません。状況に応じて最善の行動をとることが必要です。発想の柔軟性も必要です。

三つ目は」

そこで間を置き、チャーミングな笑顔を見せて、続けました。

「これは秘中の秘です。何の説明も付けません。よーく聞いて、帰ってください。三つ目は、……『うそも方便』です」

彼女の話の中に「ホスピタリティ」という言葉は一度も出てきませんでした。しかし「三つ」すべてに、ホスピタリティ・マインドが深く関連しています。

Q. なぜ「うそも方便」がサービスに当たって大事な言葉なのですか?

10 ベストコンディション

それはCAに限りませんが、仕事に臨むに当たっては、ベストコンディションでなければなりません。CAの場合、笑顔でお客さまに対応するために、心身ともにベストな状態で飛行機に乗り込みます。逆にそういう状態でない場合は自ら休まなければいけませんし、本人ができない場合は、会社がその人を乗務から外します。

たとえば、乗務で海外に出かけている時に身内でご不幸が起きたとします。一親等であれば、例外なく、できるだけ早く帰国させます。二親等以上であっても、それぞれ事情があるでしょう。お母さん代わりだったおばあちゃんもいるでしょうし、父親の代わりをしていたお兄さんもいるかもしれません。その辺はご家族からの要望にもよります。仮に一番早い帰国方法がもともと乗務するはずの便に乗ることだとしても、仕事からは外します。いずれにしても、CAが不安や悲しみを抱えながらサービスに当たることは避けるという方針があります。

私が成田空港で客室本部の当直課長というCAの乗務管理を担当していた時（二〇〇一年）、ある新人CAのご家族から連絡がありました。今サンフランシスコに行っているCAのお父様がご逝去とのことです。すぐ連絡して、帰国させますとお伝えしました。

国際電話をかけて、彼女に訃報と帰国便を伝えます。

彼女の答えは意外なものでした。「乗務する」というのです。

「ご配慮いただき、ありがとうございます。

父が倒れてから約一カ月間、会社にはご無理をお願いして、すぐ帰宅できるように国内線勤務だけにしてもらいました。今回はそれ以来初めての国際線です。出発前に病院へ行き、父にはお別れをしてきました。何となくこれが父とは最後かなという気がしました。父は常々『お前が選んだ大好きな仕事だ。しっかり仕事することが親孝行だ』と言っていました。私がすべきなのは早く日本に帰ってお葬式に出ることではなく、ちゃんと仕事することだと思います。父もきっと私のそういう姿を空から見てくれると思います」

その健気な言葉に私は仕事中であるにもかかわらず思わず涙してしまいました。隣のデスクにいたスケジュール担当者が不思議そうに私を覗いていました。

会社はホスピタリティ・マインドを発揮して業務指示し、社員もホスピタリティ・マインドを発揮して仕事に当たります。通常お客さまの気持ちを察するのですが、この場合、私の気持ち・立場を察して対応してくれた、その彼女の気持ちに心打たれたのでした。

Q. 仕事への覚悟について、彼女は父親からどんなことを学んでいたと思いますか？

11 父の話

私は訓練部長時代（二〇〇五年）、新人養成訓練の閉講式でよく「父の話」をしました。私の父は有名人でも、何でもありません。金持ちでも、他人に自慢できるような特別な業績を残したわけでもありません。まさに市井の人でした。

ただ、私にホスピタリティ・マインドの重要性を教えてくれた、という点で、訓練生に同様の気付きをもってもらいたかったのです。

私の父は一九八七年三月に急性心不全のため六七歳で死にました。父が病気になった記憶がないほど元気な人だったので、平均寿命にも届かず死んでしまうとは思いも寄りませんでした。死の一週間前に簡単な胃の手術で入院すると母から連絡があり、デンマークのコペンハーゲンに乗務するスケジュールだった私は帰国後見舞いに行くつもりでした。明日デンマークへ出発するという日の夕方、突然姉から電話があり、父の訃報を聞きました。

父は高知の貧しい漁師の六男坊として生まれ、最終学歴は尋常高等小学校卒。身長一六三センチメートル。戦後いろいろな職に就きながら小さな仕出し屋を始め、大成功とはいかないまでも、姉と私の二人の子どもを育て上げました。六〇歳の時、店をたたんで三重県の桑名に住む姉の近くに家を建て、大好きなゲートボールの練習に精を出す毎日でした。

私は小学六年で身長が父を超え、中学二年の時、腕相撲で父に勝つようになり、父が教えてくれた碁も、高校のころにはほとんど私の方が勝つようになりました。大学を出て社会人になると、自分はすっかり一人前で、あらゆる点で父を超えた存在のように感じていました。父もまた、そんな私が自慢の息子で、誇りに思ってくれていたようです。

父が死ぬと、新興住宅地での葬儀だというのに、雨の中たくさんの人が集まってくれました。

葬式の後、いろいろな方が父の話をして下さいました。持ち前の器用さを活かして、できたばかりの子ども会のために、グラウンドに倉庫を建て、ボール収納箱をいくつも組み立てたこと。自治会の依頼で、町内の地図を新しく作成したこと。台風シーズンには近所の網戸を直して回ったこと、等など。

また、ゴミ収集所に残された分別の違うゴミ袋を、近くの家が悪臭で困るだろうと、公園の木の陰に運んでおき、然るべき日にまた出していたとか。母がみっともないから止めさせようとしても、どうしても聞かなかったそうです。

「中村さんは、人から御礼を言われると、本当に嬉しそうな顔をしていらした」

自治会長さんが何気なく言ったように、父は他人に喜んでもらうのが何より嬉しいという性格だったようです。

父の遺影の前に一人座り、私は「お父さん、あなたはけっこう立派だったんだね」と声を掛けました。その時、思ったのです。

「息子たちは、私の葬式の時、今の自分のような感動や尊敬の念を持って私の写真をみるだろうか」

私には二人の息子がいます。当時はまだ二歳と四歳でした。

私が会社でどこまで偉くなるか、財産をいくら残すかといったことは、葬儀の豪華さに関係はあっても、息子たちに本質的な影響を与えそうにありません。

人間の価値は、外見や学歴、収入などでは決められない、とは誰しも言うことです。私もそんなことで人を判断していないと思っていました。では、私は何を根拠に『父を超えた存在』だと思い込んでいたのでしょうか。

「初めてのフライトで、お客さまが飛行機を降りる時、『ありがとう』と声を掛けてくれたのが、一番の思い出です」

多くのCAが口にする言葉です。しかし、意思表示があまり得意ではない日本人旅客を相手に長年サービスしていくうち、その初めの感激は徐々に薄れていきます。

サービスすることによって、お客さまに喜んでいただく。そのことが自分にとっても嬉しい。そうした考えが自分のものになった時、つまり人生観にまで高まった時、ホスピタリティ・マインドが自分の中に定着し、どんな時でもホスピタリティあふれるサービスが提供できるのだと思います。

私は現役CA時代、サービスに携わる人間として、父の笑顔を念頭に乗務に臨んでいました。本当の意味で「父を超える存在」になることを目指して。

果たして自分は父を超えたのか？　それは私の葬儀の時、息子たちが判定してくれることでしょう。

父は「ホスピタリティ」という言葉を知らないままでした。しかし父は私にとって、ホスピタリティ・マインドを身をもって教えてくれた教官でもあります。

Q. あなたは自分が父母を超えた存在だと思いますか？

第3章のおわりに

ホスピタリティの章を終えるにあたり、まとめに代えて、訓練部長時代（二〇〇五年）のある新人のお話をしましょう。

その年の新人養成訓練のクラスがまもなく終わろうとしていた時です。他の航空会社であるA社の訓練部からメールが届きました。

先週の金曜日朝、京浜急行羽田駅で一人のお客様（年配の女性）が弊社カウンターへの行き方が分からず、途方に暮れていたところ、若い女性に声をかけられ、親切にもカウンター前まで連れてきてくれた。名前を聞いても教えてくれなかったが、歩きながら話した内容から、お客様は『スチュワーデス訓練生だった』と言っている。残念ながら弊社では、現在、新人訓練は実施していないので、貴社の訓練生かと思われる。指導に生かしていただくべく、情報としてお伝えする。

その時、平行して行われていた新人養成訓練六クラスの担任インストラクターに尋ねても、誰も心当たりがありません。各クラスで尋ねてもらいました。すると、あるクラスのＦさんが名乗り出ました。彼女はその日、何も言い訳をしなかったようで、単なる遅刻扱いになっていました。

彼女からの聞き取りレポートが提出されました。

Ｆさんのレポート

羽田空港駅のホームでおばあさんがキョロキョロしているので声をかけたところ、Ａ社のチケットを見せ、行き方がわからないと言った。Ａ社カウンターの行き方を説明したが、わかってもらえない。お連れしたいが、そうすると授業に遅れてしまう。しかもお客様は当社ではなく、Ａ社にお乗りになる。

迷った末、お連れするしかないと判断した。困っているおばあさんをそのまま残して立ち去るわけにはいかなかった。

昼休みに、Ｆさんに部長席まで来てもらいました。目のきれいな、清楚な感じの訓練生です。今回の行動を褒め、これからもそのホスピタリティ・マインドを機内で発揮してくれるようお願いしました。

ＣＡ訓練生としてのＦさんは、少し要領の悪いところがあり、成績は中の下だったようです。訓練部での座学中心の訓練ののち、実際の機内で行われるＯＪＴでは、丁寧な仕事ぶりが評価され、中の上くらいに。そして、乗務を始めて半年後に行われる成績評価では、クラスで堂々二位の成績になっていました。

やはりホスピタリティあふれるサービスは、理解されるのに時間がかかったとしても、最後には周囲の評価を勝ち取るものです。

ホスピタリティを語るのに、極論すれば、理屈はいりません。行動あるのみ。Fさんの行為がすべてを物語ってくれています。あえてこの章のまとめとしてご紹介した理由です。

第4章

笑　顔

ホスピタリティの原点

1　ホスピタリティの原点としての笑顔

前章まで、「サービス」から「ホスピタリティ」に至る道のりを説明してきました。次に必要なものは何でしょう？　そこで「笑顔」と私が答えたとしたら、多くの方ががっかりされるかもしれません。

「何をいまさら」

「ホスピタリティ以前の問題でしょう」

そうなのです。サービスの基本中の基本。それがないとすべてのサービス要素が無駄になってしまうほど重要なのが笑顔です。関連する本は数え切れず、必要性の議論は尽くされているようにも思えます。しかし残念ながらサービスに携わる人すべてに徹底できているわけではないのもまた事実です。

魚釣りが「鮒《ふな》に始まり鮒に終わる」と言われるがごとく、サービスも「笑顔に始まり笑顔に終わる」のではないか？　ホスピタリティも同様ではないか？　と本章を書き進めてみました。

CAの管理職をしていて気付いたことがあります。評価の高いグループ、業績を上げているグループというのは勢いがある。皆が生き生きとしている。具体的には三点。「笑顔」と「姿勢」と「やる気」が違っていました。誰の目にも明らかなほどにです。

　そのグループのメンバーは明るい。いつも笑顔で私たちに挨拶するし、お互いも笑顔で話している。歩く姿勢、座っている姿勢がよい。つまりシャキッとしている。やる気が感じられるのは、ショーアップと呼ばれる、勤務開始時です。すばらしいグループはショーアップ時刻には全員揃い、事前の打ち合わせも終わり、準備完了なのが外から見ても分る。その三点で中心の役割を果たしているのが「笑顔」です。


　ここで質問。皆さんは今、笑顔ですか？　自分の表情を意識してますか？　どうでしょう？　人は自分の表情。自分が他人からどう見えているかに意外と無関心です。自分の顔を鏡でじっくり見る習慣はありますか？　お化粧しない男性はなおさらです。

　普段自分がどんな表情かを意識していない。

　これがサービス業界全般で「笑顔のサービス」が徹底できていない一番の原因だと思います。「ホスピタリティの原点」として、今さらながら「笑顔」について考えてみましょう。

2 笑顔の訓練

研修や講演をしていて、皆さんから「CAは笑顔についてどんな訓練をするんですか?」と聞かれることがあります。

CAの教育訓練の中で笑顔の授業はありません。意外でしょうか? 採用の時点ですでに笑顔の美しい人が採用試験に受かり、訓練部に来ているからです。

CAの採用試験では三回の面接があります。一次面接ではグループ・ディスカッション。二次面接では集団面接。最終面接は一人の受験者に対し、部長級三名の面接官で行われていました。私は二〇一〇年に退職する前の五年間、その最終面接官を担当しました。一次、二次を通過した受験者で、最終面接に笑顔のない受験者はいません。もちろん緊張のあまり、最初引きつった笑顔になっている人はいました。しかし一五分の間にはリラックスしてもらい、本来の笑顔を見せてもらいました。CA合格者は皆、笑顔が美しいはずなのです。

ですから、訓練中にあるのは、笑顔の重要性について知識として学ぶことだけで、どうやって笑顔になるかという授業は必要ありません。

何年かに一人、どういうわけか笑顔が出せない訓練生が混じっていることがあります。周りがみんな笑顔でいるだけに目立ちますし、彼女の担任インストラクターは頭を抱えることになります。笑顔ができていることが訓練の前提だからです。

いずれにしても、通常は訓練部を卒業する時、皆すばらしい笑顔で現場に出て行きます（ラインアウトと言います）。

Q. CAの教育訓練の中で笑顔の授業がないのはなぜですか?

3　模範的なグループ

私が関西国際空港で乗員部長をしていたころ（二〇〇六年）、機内販売で高い売り上げを達成しているグループには、グループ目標に「笑顔」をかかげていることが多かったように思います。

皆さんは機内で物品販売をしているのはご存知でしょう。特に国際線の機内では免税品が人気です。もともと海外で免税品を買い忘れたお客さまからご要望があったことがきっかけで、サービスの一環として始まりました。私が乗務し始めたころ（一九八〇年）の販売品目はずっと酒、たばこ、香水のみで、品名と価格は全部覚えていました。

免税品販売の利益率は想像がつきますか？　まず人件費が不要です。ＣＡが売り子ですが、機内販売があろうがなかろうが同じＣＡが行いますので、販売の費用としてはないのと同じ。同様に店舗代もいりません。店舗は飛行機です。必要なのはせいぜい商品を保管する倉庫代くらい。客室本部というのは整備本部と似ていて、がんばってサービスすればするほど支出が増えます。その中で免税品販売というのは、唯一の収入源ですし、会社にとっては利益率がすばらしい。私たちとしても、がんばりがいがありました。

日本の会社ですと業務としてがんばるのですが、海外ではもっとCAにインセンティブを持たせて、売上の一定の歩合をその便の乗員にキャッシュバックしている航空会社もありました。イタリアのある航空会社などが有名です。その会社のローマ便では三回も免税品の販売があったとのウワサがありました。歩合の配分も職位によるらしく、パーサーが文字通り「財布を持つ人」となって率先して奮闘しているとのことでした。

そういう歩合制とは無関係でも、仕事として、あるいはお客さまの利便のためにがんばるのが日本人CAらしいところです。

同じ路線を同じような客況で飛んでも、グループによって売り上げは全く異なります。グループとしての売る意欲とお客さまとの人間関係です。

たとえば、東南アジアから成田空港に早朝到着する飛行機は、夜中に現地を出発します。出発後は軽食をお出ししてお客さまにはお休みいただき、到着前に朝食をお出しします。しかしそのまま寝てしまわれたのでは機内販売ができません。また到着前は食事サービスに忙しくて機内販売どころではありません。結果、売るとすれば、軽食後のタイミングで機内のライトを落とさず、免税品を売ることになります。一般的には免税品をディスプレイしたワゴンやセールス用カートを用いて機内を回ります。

便によっては、お客さまからクレームをいただく結果となります。苦情を避けるために機内販売をやらない、あるいはパンフレットだけ持ち回りをして、早々にライトを落とすのは簡単です。クレームは来ないでしょう。

しかしグループによっては、機内販売もちゃんと行い、クレームが来ないどころか、グッドコメント（褒詞）をもらうグループまであるのです。この違いは何でしょうか？

手元に資料が残っていますが、私の部で機内販売一位だったグループの「サービス向上目標」が、「笑顔隊長を中心に笑顔あふれるキャビン（客室）！」。各コンパートメント（客室区画）で笑顔隊長を任命。乗務員同士も微笑みあい、キャビンを笑顔にしようと意識していました。笑顔とやる気とはリンクしているのでしょう。

二位のグループの目標は、「好印象な表情。目切りをゆっくり」。目切りというのは、お客さまから目を離す時のことを言います（本書第2章3・4）。それをお客さまがこちらを見なくなるより一秒長く見つめる。何か提供した後は心の中で「ご搭乗ありがとうございます」と唱えるとちょうど一秒になる。それに自然な笑顔を添える。そういう活動をしていました。

ついでに三位もご紹介しておきましょう。目標は、「一期一会の気持ちで、お客さまとの絆

作りを大切に！」。具体的施策は、「忙しい時も微笑みます！　ＣＢＮ（キャビン）はＡ―Ｋまで（これは左側窓側座席のＡから右側窓側座席のＫまで、という意味）見渡し、コンパートメント移動の時はＣＢＮを振り返る」。こういう具体的な目標が大切です。

一位、二位、三位ともに共通なのは、笑顔です。働く時の笑顔一つで仕事の成果も職場の雰囲気も大きく違ってくるものです。

Q. 同じ路線でも、クレームが来るグループとグッドコメントをもらうグループがあるのはなぜでしょう？

4　お客さまの声

当時、こんなお客さまの声が客室本部の情報誌に出ていました。

二〇〇九年二月　札幌→羽田　三〇歳代女性

久しぶりに休みが取れ、母と二人で旅行に行きましたが、今回思い切って母へのプレゼントとしてFクラス*に搭乗しました。乗務員の方のきめ細かい心のこもった対応・サービスにとても感動しました。私も接客業をしており、お客さまやモデルのメークを一〇年程やっていますが、皆さんの笑顔や心のこもった対応、プロ意識の高さに驚き、私も頑張ろうと今回改めて思いました。笑顔は人の心も幸せにするんですね！　キョロキョロしていた私と母へ親切に丁寧に対応して下さり、素敵な笑顔で迎えて下さったこと本当に嬉しかったです。短いフライトでしたが楽しくて幸せな時間を頂くことが出来ました。心より御礼申し上げます。

＊Ｆクラスとはファーストクラスのこと

最近はEメールの利用が増え、お客さまの声をいただく機会が大幅に増えました。以前は機内にあるコメントカードを書くか、自分で手紙を書く必要がありました。あるいは「お客さまコールセンター」に電話する。機内では、怒りあるいは感謝の気持ちでアクションを起こそうとしても、飛行機を降りると、そのエネルギーは急速に衰えます。その点、メールはすぐに送信できます。LINEやFacebookでお客様の声を受け付けるようになったらもっと増えるかもしれません。

そういう中、このお客さまは何か特別の対応があったわけでもないのに、「満ち足りた時間を過ごした」と感じられ、わざわざコメントしてくださった。その「楽しくて幸せな時間」を生み出した原動力はCAの笑顔だったと思います。「笑顔は人の心も幸せにするんですね」と書いてくださっています。「笑顔が最高のサービス」。その原則を再確認させてくれる事例でした。

Q. 「笑顔」がなぜ「最高のサービス」なのですか?

5　ブラジル線のおばあちゃん

私は生涯の乗務時間が約八〇〇〇時間です。八〇〇〇時間と言われてもピンと来ないと思いますが、東京からニューヨークまでの約一万キロメートルがフライトタイム約一三時間。地球一周は四万キロメートルですので、約五〇時間。単純計算では地球を一六〇周したことになります。寿退社など、途中で退職した乗務員を除けば、大した数字ではありません。

その乗務生活の中で忘れられない笑顔のエピソードは、ブラジル線のおばあちゃんの話です。

日本―ブラジル間は一九七八年、私が入社した年に成田―サンパウロで運航を開始しました。当時の航路は、東京―アンカレッジ（アメリカのアラスカ州）―ニューヨーク―サンファン（カリブ海の島であり、アメリカの自治領であるプエルトリコ）―サンパウロと四区間にも及びました。飛行機の速度は当時のＤＣ８と今のボーイング７７７などの最新鋭機で大差ありませんが、乗り継ぎ時間の関係で、合計三〇時間以上もかかりました。

今はもう飛んでいないＤＣ８という飛行機ですが、エコノミークラスの総括兼ギャレー（調理場）担当が男性限定だったので、数少ない男性ＣＡの私は乗務する機会が多く、必然的にブラジル行きの南米線にもよく乗務しました。

帰りのサンパウロ—サンファン間を初めて乗務した時のことは、今でも鮮明に覚えています。一九八〇年冬でした。もう四〇年近くも前になります。

当時、エコノミークラスのお酒類とイヤフォーンは有料でした。

お酒が有料なのはわかるとして、イヤフォーンが有料というのは想像がつかないのではないでしょうか？　機内オーディオが有料だったということです。五〇〇円、ドルだと二ドル五〇セントでした。離陸後すぐにアナウンスをして配付し、お金は映画終了後に集めました。時間的余裕があることと、当時の映画は地上の映画館と同じフィルムを使って上映していたので、途中でフィルムが切れることがありました。その場合はお詫びして、イヤフォーン代を無料にしていたのです。一旦集めたお金を返すのは大変ですから、無事映画終了後に集金するのが合理的でした。

サンパウロ・ヴィラコポス国際空港を離陸して、飲み物サービスをしていると、着物を着たおばあちゃんがお金を払おうとしました。オレンジジュースをご希望で無料なのですが、財布から出したお金が、板垣退助の百円札だったのです。新札というか、全く使った形跡のないきれいなお札でした。私が子どものころ、見た記憶はありました。

「板垣退助の百円札」でわかる方はそれなりの年齢ですね？　百円には百円玉の他に紙幣もあったのです。後で調べたら、一九七四年に日銀の発行停止になっています。

ジュースは無料であること、また、百円札はもう日本で発行されていないことを説明しました。座席の上にちょこんと正座しているおばあちゃんは、「そうですか」と頷きながら、お金を財布に戻します。

飲み物サービスのジュースに限らず、おばあちゃんは私達が何かサービスすると、額がテーブルに着かんばかりに、深々とおじぎしてくれます。また、ご自分からは絶対に何かを頼んだりもしませんでした。いつもニコニコと笑顔です。その引き込まれるような笑顔を見ると私たちは何かをして差し上げたくなるのです。

私は、同じ客室を担当するCAに、おばあちゃんに気を配って、こちらから積極的に声をかけるようお願いしました。

食後には映画が始まります。現在のように座席でいつでも映画やゲームが楽しめるエンターテイメント・システムは存在せず、食事の後、映画館と同じフィルムを回して映画を上映していました。

しばらくしてから、機内を巡回すると、おばあちゃんが懐かしそうに「寅さん」を見ています。ニコニコしているので、お楽しみいただいているものだとばかり思っていました。

ところが、どこかから、ガシャガシャと雑音が聞こえます。

おばあちゃんの手元のパネルを見て、愕然としました。チャンネルが映画ではなく、ジャズ音楽になっていたのです。

イヤフォーンを配る時、きちんと案内しなければ、おばあちゃんがわかるはずもありません。ただ、普通、映画が始まった段階で、多くのお客さまが音声の聞き方を質問されます。

慌ててチャンネルを映画の日本語にしました。

「おばあちゃん、映画の声が聞こえてなかったでしょう。ご案内せず、申し訳ありませんでした」

「絵を見ているだけで、楽しいよ。ありがとう。ありがとう」

おばあちゃんは笑顔をくずしません。

私達はサンファンで交代するので、次のＣＡへの引き継ぎで、おばあちゃんのお世話を頼みました。

昔の日本人はあんな風だったのでしょうか。おばあちゃんの礼儀正しさ、奥床しさ、温かさ。笑顔に、何にでも感謝する姿勢を積み重ねてきた年輪が見えて、その人格を高めています。タイムカプセルの中から出てきたような徳性に、私のみならず、サービスしたＣＡが皆、感銘を受けました。

Q. おばあちゃんは映画の音声が聞こえないのにＣＡに質問しなかったのはなぜですか?

Column 異文化のもとでのホスピタリティ⑥ 話せばわかる

フランクフルト基地の訓練初期（一九八九年）に、羽田整備工場見学の時間がありました。訓練部のあるライン整備工場から羽田整備工場までは、社員が広い羽田地区を移動するために終日運行している社内循環バスに乗ります。

優しく丁寧な整備士さんの説明を受け、一同感心して帰路に着いた矢先にその出来事は起こりました。

帰りの循環バスがバス停に止まると、私はドライバー横の前方入口から乗車しましたが、バス中央の出口が開いて中から降車する人がいたので、ドイツ人訓練生は、そのまま中央の出口からどやどやと乗り込んでしまいました。トイレに行っていた一人が一団とは遅れて乗り込もうとする目の前で、出口の扉が閉められました。私は彼女に声をかけて前から乗車させましたが、車内に気まずい空気が流れました。

その日のホームルームの時間。

「皆さん、今日、羽田整備工場からの帰りに乗ったバスのドライバーに、何か言いたいことがあるでしょう？」

水を向けると、皆、口々に言い始めました。

「ドライバーは私たちに意地悪した」

「彼はバックミラーでBが走って来ているのを知っていたのに、ドアを閉めた」

「Bが可哀相だった」

私ははっきり言いました。

「皆さんは間違っています。いや、誤解していると言ったほうがよいでしょう」

続けて説明しました。

社内循環バスは、前方入口から社員証をドライバーに見せて乗ることになっている。にもかかわらず、皆さんは出口から乗り込んでしまった。ドライバーからすれば、皆さんがルールを守らない失礼な社員だったのです。当然、Bさんには正しい乗車をさせるため、流れが止まったところで出口を閉めたのだ、と。

恐いのは、何も言わずに、どちらも相手が悪いと思ったままになることです。

文化が異なるとはいえ、大部分のことは「話せばわかる」のです。

わからなければ、ホスピタリティ・マインドを発揮しようがありません。

6　笑顔のサービスは疲れない

こんな事例もありました。

私が大阪空港でチーフパーサーをしていたころですから、一九九二年の話でしょうか。ホノルル便の前日、家に部下から電話がかかってきました。明日の便に彼女が後援会員である宝塚の大スターが乗ってくるとか。座席が判明した段階で、彼女をそのスターにサービスする担当にしてほしいと言うのです。残念ながら、私はそのスターの名前を聞いたこともありませんでした。もちろん本来業務指示として、そんな希望を聞く必要はないのですが、せっかくの申し出でもあり、許可しました。

出発前ブリーフィングの時から、彼女はベテランとも思えぬ興奮ぶりで、昨夜もほとんど寝ていないといいます。自分の結婚式の時よりドキドキしている。普段冷静な人なので、そのファン心理を面白く感じました。

機内では休憩も取らず、満面の笑みで一所懸命サービスしていました。彼女の最高の笑顔を見せていました。

無事ホノルル国際空港に到着し、ホテルへ向かうバスの中で、彼女はしみじみ語ってくれました。

「よくお客さまを自分の家に来たゲストと考えようと言いますね。私もブリーフィングでその心構えを話したことがあります。でもそれが言葉だけだったことが今日よ〜くわかりました。とにかく何かをしてあげたくて仕方ないんです。少しでもくつろいでほしい、喜んでほしい、楽しんでほしい。何が私にできるのだろうと、考えられる限りのことをしました。今、充実感でいっぱいです。疲れも全然ありません。振り返って、普段の自分の仕事。それはやはり仕事として、やるべきことをやっているに過ぎなかった、そんな気がします」

正直な告白でしょう。

しかしよく考えてみると、ホノルル線を飛んで「疲れも全然ありません」というのは驚くべきことです。気分の問題でしょうか？　一所懸命仕事をして疲れない。それならいつでもそう働いた方が自分にとってもいいですよね。「でも普段はそのスターはいない」。それはそうです。ただ疲れなかったのは、スターがいたから？　それだけでしょうか。

笑顔のサービスは疲れない。後程まとめて「笑顔の効用」をお話しますが、笑顔の時には、脳内モルヒネと呼ばれるホルモン群が分泌され、血管が筋肉に圧迫されず血流がよくなるので、疲れにくく、エネルギーに無駄がない状態で、とても元気に活動できます。自律神経のバランスもよいので、彼女が疲れを感じなかったのも、気分の問題だけではありません。

心からの笑顔のサービス。その充実感を大切にして、改めて後輩にもそのサービスを伝えてほしい、とお願いしました。

Q. そのベテランCAがホノルルまで乗務しても疲れなかったのはなぜですか?

7　ある先輩

「忘れられない笑顔」のお客さまがブラジル線のおばあちゃんだとしたら、「忘れられない笑顔」のCAは私が乗務し始めたころ同じグループにいた先輩です。

まず感心したのは、お客さまのお出迎えの時。

最近のLCCでは、入り口でCAが「いらっしゃいませ」を連呼しています。

FSA（フル・サービス・エアライン）の大手航空会社では、CAは少なくとも四つの言葉かけを意識しているでしょう。朝であれば、「おはようございます」「いらっしゃいませ」「ご搭乗ありがとうございます」「お待たせいたしました」など。お客さま一人ひとりをお迎えする気持ちが大切です。手前のお客さま、通り過ぎたお客さまにCAの声が聞こえるとしても、四種類あれば、ほぼ違った言葉かけをしているように思われるでしょう。

私などはその四種類を順番に言っていただけなのに対し、その先輩は当意即妙というのか、言うことを決めているのではなく、目の前のお客さまにまさに「挨拶」しているのです。

その四種類の他に、席がわからなさそうであれば、席の方向を指し示して「こちらの通路をご利用ください」。観光客のようであれば、「ご旅行はいかがでしたか?」「たくさんのお土産ですね」「何かすてきなお品は見つかりましたか?」。ビジネスパーソンであれば、「お帰りなさいませ。ごゆっくりおくつろぎください」、空いている便では、「今日は空いておりますので、ごゆっくりおくつろぎくださいませ」など。他にも、「今日はとても寒いですね」「お寒うございます」「はっきりしないお天気ですね」、数え上げるとキリがありません。

それらをお客さまの目線にあわせて、ゆっくりと満面の笑顔で言うのです。最高のお出迎えでした。

その先輩は、よく手鏡で自分の表情をチェックしていました。鏡に向かって、ニコっとしてから、お客さまの方に向かって行く姿を今でも覚えています。笑顔のすてきな人ほど笑顔の努力を積み重ねています。

ギャレー（調理場）には数カ所鏡が取り付けてあります。本来は作業用ですが、CAはカーテンを開けてキャビン（客室）に出る際、カーテン横の鏡を見て、自分の表情を確認する習慣になっていました。それを欠かさず、しかも丁寧にやっていたのがその先輩でした。

彼女の仕事に対する意識の高さ。それが彼女の笑顔に集約されていました。

Q. 飛行機の入り口でCAが「いらっしゃいませ」を連呼するのはなぜ問題なのでしょうか?

8　笑顔の効用

J・ジェフ・コーバー著『ディズニーの「おもてなし」プラチナルール』（日本文芸社、二〇一四年）という本によると、笑顔にはこれだけの効用があるそうです。

心からの笑顔は――

- 私たちをより魅力的にする。
- 気分を変えるのに役立つ。
- 周囲の人たちから、より多くの注目を集めることができる。
- 免疫機能を高め、健康を増進する。
- 長期的に見ると、その人により大きな成功をもたらす。
- ポジティブな気分が継続する。
- 天然の鎮痛剤として作用するエンドルフィンを放出する。
- 気分、睡眠、性欲、食欲を調節するセロトニンのレベルを上げる。

・より温かいトーンの声が出る。
・周りの人も笑顔にする。
・ストレスを発散する。
・その人がいることで、周りの人が心地よくなる。
・何らかのホルモンの放出を誘発することで、心拍数が下がり、呼吸が安定する。
・長生きに一役買う。

などなど。

この効用が挙げられている順番の意味はわかりかねますが、医学的にはどのように説明できるのかを調べてみました。

まず「免疫機能を高め、健康を増進する」。

これは、ＮＫ（ナチュラルキラー）細胞が活性化されます。ＮＫ細胞は毎日三〇〇〇～五〇〇〇個できるがん細胞を殺す作用があります。したがって、笑うと免疫細胞が活性化し、免疫力が高まるわけです。

次に、「ポジティブな気分が継続する」。

これは笑うと右脳が活性化されます。仕事やストレスで左脳を使う人にとって、リラックス効果があります。

「天然の鎮痛剤として作用するエンドルフィンを放出する」。

自然な幸福を感じさせる化学物質エンドルフィンが血液中に大量に分泌されます。これはモルヒネの六倍以上の鎮痛作用があるといわれています。

「気分、睡眠、性欲、食欲を調節するセロトニンのレベルを上げる」。

セロトニンというのは、神経伝達物質で、脳幹の縫線核（ほうせんかく）から出た神経から放出されます。セロトニンは人間の攻撃性と関係があり、これが出ると元気になります。

「ストレスを発散する」。

ストレスホルモンである副腎皮質ホルモン、コルチゾールの分泌が減り、ストレスが鎮まるとされます。また副交感神経が優位となり、安らぎや安心感を感じて、ストレスが解消されます。

「何らかのホルモンの放出を誘発することで、心拍数が下がり、呼吸が安定する」。

「何らかのホルモン」というのがわかりませんが、たとえばインシュリンに関していうと、インシュリンを分泌する遺伝子作用のスイッチをオンにして、血糖を正常化させる作用もあるそうです。

そういったことをすべて含めて、最後の「長生きに一役買う」とも言えるのでしょう。

心理学や脳科学の世界では、たとえ作り笑顔だったとしても、笑顔にすることで動く筋肉が顔のツボを刺激し、脳にリラックス効果のあるアルファ波を出し、副交感神経系が働き始めるとの説もあります。

逆に、眉毛を吊り上げて、うんうん唸っている脳の中には、ノルアドレナリンという物質が出て来て、気持ちが圧迫されるような状態になるそうです。

笑顔って結構づくめですね。

参考文献

下園壮太『ナースのためのストレスコントロール術――〝幸せ笑顔〟になるヒント』（中央法規出版、二〇〇七年）
内藤康弘『活性ＮＫ細胞療法――がん最先端医療』（ルネッサンス・アイ、二〇一二年）
ベティ・エドワーズ『脳の右側で描け』（河出書房新社、二〇一三年）
奥仲哲弥『最期まで元気でいたいなら、「健康寿命」より「快楽寿命」をのばしなさい！』（主婦と生活社、二〇一六年）
理化学研究所　脳科学総合研究センター編『つながる脳科学「心のしくみ」に迫る脳科学の最前線』（講談社、二〇一六年）

Q. 笑顔の効用の医学的な説明が理解できましたか？

9　見ていないところで

いかがでしょうか？　いいことずくめの「笑顔」。やらない手はありません。ほとんどの物事にはプラス・マイナスがあります。いろんな側面があり、いろんな見解があります。しかし、「笑顔」の場合、笑顔で損なこと、不都合なことがあるのでしょうか？　やらない方がいい理由がありますか？

あるとすれば、そんな「訓練」をしなくても自分は困っていない。サービス業でもないし、努力する必要はない、と考える人がいるかもしれません。はたしてそうでしょうか？

先日最寄りのJR駅でこんなことがありました。

妻と私が夕方ウォーキングをしていた時のことです。ちょうど下りの快速電車が着いて、通勤客がぞくぞく降りてきました。一カ所しかない改札口を通り過ぎる時、一人の男性に目が行きました。ご近所のSさんです。数年前自治会の役員を一緒にやりました。私より五歳年上で、温厚な紳士です。

そのSさんの二人前の女性がsuicaをタッチして改札口を通ろうとした時、赤いランプが点き、警告音も鳴って、改札口が閉まりました。後ろに下がってもう一度suicaをタッチしますが、状況は変わりません。駅員さんが急いで駆けつけます。

その様子を見ているSさんの表情の険しいこと。「なんでなんだ！」「この迷惑なおばさんをなんとかしろ！」怒声が聞こえてきそうです。

駅員さんと女性がみどりの窓口方面に向かうと、すぐ後ろの女性が改札口を通り、Sさんも続きました。

Sさんは自分がそんな表情をしたという意識はなかったでしょう。私たちを見つけて、いつもの人のよさそうな笑顔を見せて近寄ってきました。私たちは挨拶したものの、ぎこちなかったかもしれません。この出来事で私たちのSさんに対する印象が少し変わってしまいました。

私たちはいつどこで見られているかわかりません。改めてそれに気付かされた事例でした。常に口角を上げて、軟らかい表情を心がけましょう。

Q. Sさんの例は他人事ですか？　それとも、自分にもその可能性はあると思いますか？

10 普段の自分の顔は

自分の普段の顔を見たことがありますか？　意識したことがありますか？

鏡で見ているあなたの顔は十分意識したあなたであって、意識していない自分の姿は「隠し撮り」でもしない限り、見る機会がありません。自分ではわからないのです。

笑顔は訓練であるという話をしてきました。私たちの多くはその訓練をしていませんから、意識していない自分は笑顔ではないことが多いと思われます。自分が意識していない間に撮られた写真がありますよね。そんな写真は、納得がいかないことが多いと思いませんか？　あなたの気に入らない写真の顔があなたの素の顔に近いかもしれません。

いつも笑顔ができていると思っている人も、それは人と会って挨拶する表情であったり、鏡の前の自分であったり、つまり意識している自分のことを思い浮かべているのではないでしょうか。

接客のプロであるCAもブラッシュアップ訓練で自分のサービスしているところをビデオ撮影し、後で見てもらうと、

・自分はもっと笑顔でお客さまに接していると思った。
・ふとした時に素の顔になっているので驚いた。
・通路を歩いている時思った以上に無表情だった。

などとコメントしています。その表情は私たちから見ると笑顔であるにも関わらず、本人の思い浮かべた表情とは違っていたのでしょう。

二四時間のうち、鏡を見ている自分は何分あるでしょう？　それ以外の時間は見ていない自分です。その時の自分はどんな顔でしょう？　笑顔は訓練であり、訓練していない自分なのですから、それを人に見せている。そんなことを考えたことがありますか？

では、練習しましょう。鏡を見ましょう。

鏡を見て、自分の気に入った表情を見つけて、それを普段の自分にしましょう。それで普段の表情が何ランクもアップしますよ。あなたのベストの表情になれるのです。全然お金をかけることなしに。あなたが笑顔に変わることで一番喜びを感じるのは、あなたの周りの人なのです。

人の外見は、顔のつくりとかスタイルよりも感じの善し悪しで評価が決まると言われます。笑顔の練習をし素の顔を意識することによって、あなたの評価は確実にランクアップするでしょう。

Q. 普段の自分の表情がランクアップすると、どんなよいことがありますか？

11　あなたの最高の笑顔を知る

では、具体的に「笑顔の練習」とは何をどうやったらよいのでしょうか?

いくら笑顔がいいからと言って、道を歩きながら誰も知っている人がいないのにニコニコしていたら変でしょう。あるいは駅のベンチに座っている時に、歯を見せてニコニコしているのも、今の日本ではちょっと変ですよね。

では、口を閉じて真面目な顔をしますか? それより、ちょっと口角を上げた方がよい印象になりませんか?

友達や同僚と向き合って、ちょっと口角を上げてみてください。素敵な顔じゃないですか? この場に今、春一番が吹いたような。一気に雰囲気が温かくなりました。その顔が普段のあなたの顔になるのです。

ですから、いつも笑顔でニコニコしようというのではないのです。その代わり、これまでお話したように、最高の笑顔を知っておきましょう。その最高の笑顔を知り合いに会った時すぐにできるのは、口角を上げて、その準備ができているからなのです。怒った顔からすぐ最高の笑顔を作るのは困難です。
口角を上げるというのは、あなたの最高の笑顔を作るための準備でもあるのです。
方法をまとめてみました。
①常に口角を上げておく（ように心がける）。口角を上げるのも筋肉です。女性が座っている時に膝を閉じておくことが自然にできるように、口角を上げておくのも筋肉の習慣です。
②自分の最高の笑顔を研究して、いつでも出せるようにしておく。
③毎日鏡の前で笑顔の練習をする。一日に最低五回は自分の笑顔を確認する。たとえば、朝起きた時、午前中トイレに行った時、昼休み、午後トイレに行った時、寝る前などです。
一日一日続けて、人生を笑顔で満たしましょう。

Q.

割りばしを使った練習など他にもいろいろな方法があります。これまでにやってみた経験はありますか？

第4章のおわりに

私のゼミの学生には授業中ずっと口角を上げてもらっています。そして私が話しかけた時は自分の最高の笑顔を見せて答えるように頼んでいます。

「最高の笑顔」というのはどういうものか、各人に研究させます。いろいろな説があります。歯は見せる、見せない。上の前歯が何本見えた方がいいとか。人それぞれではないでしょうか。口の形も歯形も違います。その人が鏡を見て、一番気に入った笑顔。それで十分。後はその形を顔の筋肉に覚えさせ、いつでもその表情、笑顔が出せるようにしておくことです。

これを私がセンター長を勤める大学のキャリアセンターでも職員に定着させます。ここまでに説明してきたように、常に笑顔でいることにメリットはあっても、デメリットはありません。やらない理由がありません。それでいてキャリアセンターを訪問する学生にも気分よく話しかけてもらえるのですから、まさに win-win です。今後ぜひ大学全体に広げたいと思っています。

さらには、いろいろな組織・団体にこの笑顔の輪を広げ、大きく言えば、日本を、そして世界を笑顔でいっぱいにしたい。いわば「笑顔の伝道師」になりたいと願っています。

「幸福だから笑うのではない。笑うから幸福なのだ」フランスの哲学者アランの言葉です。

昔から、「笑う門（かど）には福来る」と言います。そう。笑う門には必ず福が来るのです。

本書を閉じる前に

ここまで読み終えた皆さんは、ホスピタリティに関し、「日本で一番やさしく、ふかく、おもしろ」く理解できたでしょうか?

学生に対してであれば、小テストとして、この問題を出すでしょう。

「サービス、CS、ホスピタリティの関係について、
知るところを四〇〇字以上五〇〇字以内で述べよ」

私なりの解答を書きます。

一九八〇年代にアメリカからCS(顧客満足)の理論が入ってきた。これまでのサービス理論を塗り替える新たな考え方を含んでいた。中でも、単なるサービス向上運動は意味がなく、「感動のサービス」「5段階評価の5(大変満足)」のレベルに達しないとお客さまはリピーターにならない、という視点は画期的であった。どうすればサービスする人間が「感動のサービス」を目指すようになるのか? サービス業において、労働者に賃金を得るための仕事としての発想しかなければ、必要最低限の作業しか行わず、お客さまのために創意工夫をこらし、喜んでいただく行動には至らない。そこで注目されたのが「ホスピタリティ」である。従来お客さまの立場に立ったサービスは奨励されてきたが、目指す方向として「ホスピタリティ」ほど明確な言葉がなかった。サービスにおけるお客さまと従業員の立場が上下関係とされるのに対し、ホスピタリティにおけるゲストとホストは対等である。ホスピタリティには通常金銭が絡まない。ベクトルの違う二つを組み合わせたホスピタリティ・マインドを推奨し、そのサービスを制度化・習慣化することは容易ではない。サービス業界の大きな課題である。（四九八文字）

このような理解を持っていただいた上で、各章のエピソードを興味深く感じていただけたとすれば、私のこの本における試みは成功したと言えるでしょう。

あとがき

客室乗員訓練部では当時（二〇〇五年）、新人教育の他に、各種昇格訓練も実施していました。上位職者になる訓練にも閉講式があり、その中で部長としてしばしば山本五十六の教育に関する名言を紹介しました。

「やってみせ、言ってきかせて、させてみて、褒めてやらねば、人は動かじ」

一説には、山本五十六個人の言葉ではなく、出身の長岡藩の言葉だともいいます。その名言が取り上げられる際、よく注目されるのは、「褒めてやらねば」の部分です。「やってみて、言ってみて、させてみて」というのは当たり前だ。しかも相手が今の若者ならともかく、海軍兵学校の学生ならそれで十分だろう。それを「褒めてやらねば」人は動かない、というのは人間に対する何という深い考察だろう、というわけです。

私も同感です。特に外国人訓練生の指導にあたっては、褒めることの重要性は日本人以上にありました。

しかし、私は実際に訓練の現場にいた者として、山本五十六の名言の一番始めが「やってみせ」だということに心動かされます。

やってみせる。率先垂範、ということです。

私が乗務していたころ、上位職者から機内でよく仕事を頼まれました。一番多かったのは報告書を書くことでした。機内で起こったさまざまなイレギュラー、トラブルなどを会社に報告する書類です。「将来、君のためになる」というのが頼まれる際の多くの理由でした。

しかし、部下はよく見ています。本当に私のことを考えて書かせてくれているのか、自分が面倒臭いから書かせているのか、お見通しでした。

つまらない誤解を避けるためにも、まず自分がやってみせる。自分が言うだけではなく、自分もできることを示す。それは上位職者としての実力を示す絶好の機会でもあります。また、そのためには言うまでもなく、自分のサービス技量が見せる水準でなければなりません。すべてが率先垂範です。

本書を書き終え、著者として、書いたことを率先垂範する責任を痛感するとともに、笑顔でホスピタリティに満ちた仕事をしていける喜びでいっぱいです。

本書を読んでくださった皆様、そして、本書の提案から出版まで、常ににこやかにホスピタリティあふれる対応をしてくださった晃洋書房の山本博子さん、ステキなイラストを描いてくれた大阪観光大学の岡部優希さんに心からの敬意と謝意を表します。
ありがとうございました。

二〇一八年一月

中村真典

追記　本書は、『ＣＡになりたいあなたへ　教えてください！訓練部長』Kindle版（ホルス出版、二〇一五年一二月一五日発刊）より一部転載・改稿し、大幅に加筆の上、再構成したものである。

《著者紹介》

中 村 真 典（なかむら　しんすけ）

1954年高知県生まれ．北海道大学経済学部卒業後，日本航空株式会社に地上職として入社．社内職種変更でCA（客室乗務員）になり，退職までの乗務時間は約8,600時間．首相特別便を先任CAとして乗務した他，客室乗員訓練部教官として，邦人訓練生のみならず，香港基地中国人CA，フランクフルト基地ドイツ人CAのクラス担任を務めた．政府専用機の空中輸送員（自衛隊CA）の訓練も担当．客室乗員訓練部長，関西空港支店客室乗員部長，客室人財開発センター長などを歴任．2010年，日本航空株式会社退社．現在，大阪観光大学観光学部教授，同大学キャリアセンター長．

元CA訓練部長が書いた
日本で一番やさしく，ふかく，おもしろい
ホスピタリティの本

2018年3月20日　初版第1刷発行　　＊定価はカバーに表示してあります

著者の了解により検印省略

著　者　中 村 真 典©
発行者　植 田　実
印刷者　江 戸 孝 典

発行所　株式会社　晃 洋 書 房
〒615-0026　京都市右京区西院北矢掛町7番地
電話　075(312)0788番(代)
振替口座　01040-6-32280

装丁　㈱クオリアデザイン事務所　　印刷・製本　㈱エーシーティー

ISBN978-4-7710-3026-8